Christian von Thaden

Banken und Online-Dienste

Bibliografische Information der Deutschen Nationalbibliothek:

Bibliografische Information der Deutschen Nationalbibliothek: Die Deutsche Bibliothek verzeichnet diese Publikation in der Deutschen Nationalbibliografie; detaillierte bibliografische Daten sind im Internet über http://dnb.d-nb.de/ abrufbar.

Copyright © 1996 Diplomica Verlag GmbH
Druck und Bindung: Books on Demand GmbH, Norderstedt Germany
ISBN: 9783838638102

http://www.diplom.de/e-book/219487/banken-und-online-dienste

Christian von Thaden

Banken und Online-Dienste

Diplom.de

Christian von Thaden

Banken und Online-Dienste

Diplomarbeit
an der Ruhr-Universität Bochum
Fachbereich Wirtschaftswissenschaften
Lehrstuhl für Wirtschaftsinformatik, Prof. Dr. Roland Gabriel
4 Monate Bearbeitungsdauer
April 1996 Abgabe

Diplom.de

Diplomica GmbH
Hermannstal 119k
22119 Hamburg

Fon: 040 / 655 99 20
Fax: 040 / 655 99 222

agentur@diplom.de
www.diplom.de

ID 3810

ID 3810
von Thaden, Christian: Banken und Online-Dienste / Christian von Thaden ·
Hamburg: Diplomica GmbH, 2001
Zugl.: Bochum, Universität, Diplomarbeit, 1996

Diplomica GmbH
http://www.diplom.de, Hamburg 2001
Printed in Germany

ABSTRACT

Die vorliegende Arbeit behandelt das Thema „Banken und Online-Dienste". Am Zusammenwirken von Banken und Online-Diensten sind drei Parteien beteiligt: Die Banken, die ihre Dienste über den Online-Dienst anbieten, die Kunden, die diese Dienste nachfragen und die Betreiber der Online-Dienste, die Banken und Kunden die Kommunikation auf diesem Weg ermöglichen.

Die Banken verwenden die Online-Dienste zum einen dazu, Bankgeschäfte mit ihren Kunden durchzuführen. Daneben verwenden sie dieses Medium aber auch, um für sich und ihre Produkte zu werben. Damit Bankleistungen dieser Art über Online-Dienste erbracht werden können, sind verschiedene Voraussetzungen zu erfüllen. Für die Abwicklung von Bankgeschäften ist die wichtigste Voraussetzung die Sicherheit. Diese kann durch geeignete technische und organisatorische Maßnahmen auf der Basis von Verschlüsselungen gewährleistet werden.

Der Vergleich der Leistungen, die von den Banken im Rahmen der Geschäftsabwicklung über Online-Dienste angeboten werden, zeigt, daß die Banken nicht alle Leistungen, die sich für den Vertrieb auf diesem Weg eignen, auch anbieten. Vielmehr beschränken sie sich häufig auf die Leistungen zum Zahlungsverkehr.

Obwohl grundsätzlich alle Online-Dienste zur Abwicklung von Bankgeschäften geeignet sind, bieten die Banken nur in T-Online in großem Unfang ihre Leistungen an, für die Zukunft ist aber zu erwarten, daß auch über die anderen Online-Dienste Bankgeschäfte abgewickelt werden können. Das Internet wird von den Banken hauptsächlich zu Werbezwecken verwendet.

Bei der Geschäftsabwicklung von Bankleistungen über Online-Dienste ergeben sich qualitative Vorteile und es eröffnet sich für die Banken die Möglichkeit, die Leistungserbringung effizienter zu gestalten. Der Kunde kann zwar in den meisten Fällen keinen direkten finanziellen Vorteil erzielen, aber auch er profitiert von der höheren Qualität. Die bisher für den Vetrieb über Online-Dienste bestehenden technischen Restriktionen, können durch die Entwicklung von „elektronischem Geld" aufgehoben werden.

Der derzeit schon intensive Wettbewerb im Bankensektor wird durch den Einsatz von Online-Diensten in Zukunft tendenziell noch verstärkt werden.

Inhaltsverzeichnis

Abbildungsverzeichnis

Abkürzungsverzeichnis

AOL	America Online
BDSG	Bundesdatenschutzgesetz
Btx	Bildschirmtext
CEPT	Conference Europeenne des Admini des Postes et des Telecommunicatio
CERN	Conseil Européen pour la Recherche
CIM	CompuServe Information Manager
CIS	CompuServe Information Service
Datex-J	Datex-Jedermann
DES	Data Encryption Standard
DTA	Datenträger-Austausch Verfahren
DV	Datenverarbeitung
E-Mail	Electronic Mail
EDI	Electronic Data Interchange
EDV	Elektronische Datenverarbeitung
EFTPOS	electronic funds transfer at point of
ER	Externer Rechner
HTML	Hypertext Markup Language
HTTP	Hypertext Transfer Protocol
ISDN	Integrated Services Digital Networl
KIT	Kernsoftware für intelligente Termi
LAN	Local Area Network
MHS	Message Handling System
MSN	Microsoft Network
PC	Personal Computer
PGP	Pretty Good Privacy
PIN	Persönliche Identifikationsnummer
RFC	Request for Comment
RSA-Verfahren	River, Shamir, Adleman-Verfahren

S-HTTP	Secure Hypertext Transfer Protocol
SMTP	Simple Mail Transfer Protocol
SSL	Secure Socket Layer
TAN	Transaktionsnummer
TCP/IP	Transmission Control Protocol/Internet Protocol
URL	Uniform Resource Locator
WAA	World Access Account
WWW oder W3	World Wide Web

1 Einleitung

In diesem Kapitel werden die Aufgabenstellung, der Aufbau der Arbeit und das Vorgehen bei der Erstellung der Arbeit dargelegt.

1.1 Aufgabenstellung

Vor dem Hintergrund der Entwicklung zur Informationsgesellschaft, entstehen für die Banken neue Herausforderungen, die es durch geeignete Informationstechnologien anzunehmen gilt. Besondere Bedeutung kommt dabei den Online-Diensten zu, die zur Zeit in starkem Umfang wachsen.[1]

Die vorliegende Arbeit nimmt diesen Umstand zum Anlaß, den Bereich „Banken und Online-Dienste" näher zu untersuchen. Konkret geht es dabei um die Frage, mit welchen Zielen und in welchem Umfang Online-Dienste von den Banken verwendet werden können, bzw. welche Leistungen die Online-Dienste den Banken anbieten können. Zu diesem Zweck sind die notwendigen Voraussetzungen und die bestehenden Beschränkungen zu klären.

Es schließen sich die Fragen an, in welchem Umfang die Online-Dienste bereits heute von den Banken genutzt werden, ob die Verwendung von Online-Diensten vorteilhaft für die beteiligten Parteien ist und welche weitergehenden Möglichkeiten sich für die Zukunft ergeben.

1.2 Aufbau der Arbeit

Aufgrund der teilweise sehr uneinheitlichen und inkonsistenten Begriffe im Bereich der Online-Dienste und des Online-Banking, wird zu Beginn der Arbeit im Kapitel 2 eine Terminologie erarbeitet, die für den weiteren Verlauf der Arbeit zugrunde gelegt werden kann. Hierbei wird an bestehende Definitionen angeknüpft, soweit diese zur Verfügung stehen. Soweit keine geeigneten Definitionen existieren, werden eigene Definitionen festgelegt. Darüber hinaus werden im Kapitel 2 diejenigen Modelle erläutert, die für die weitere Arbeit benötigt werden.

Nach der Klärung der Grundlagen werden im Kapitel 3 die an der Abwicklung von Bankgeschäften Beteiligten vorgestellt und ihre gegenwärtige Situation erläutert. In diesem Kapitel werden die Ziele, die die Beteiligten in bezug auf das Thema der Arbeit verfolgen dargestellt und die Anforderungen, die sie stellen erläutert.

---

[1] Vgl. Bartmann (1995), S. 6 f.

Im Kapitel 4 werden darauf aufbauend die Voraussetzungen geklärt, die die Beteiligten erfüllen müssen, damit über Online-Dienste Bankgeschäfte durchgeführt werden können. Dazu ist eine grundsätzliche Einführung in Datenschutz und Datensicherheit notwendig.

Nach der Klärung der Voraussetzungen werden in Kapitel 5 die Dienstleistungen, die von den Beteiligten erbracht werden, grundsätzlich dargestellt und klassifiziert. Daran anschließend wird in Kapitel 6 ein Marktvergleich der konkreten Anbieter von Leistungen vorgenommen. Die Ergebnisse des Marktvergleichs bilden dann die Grundlage für die in Kapitel 7 zu klärende Frage, ob sich der Einsatz von Online-Diensten im Bankbereich für die Beteiligten lohnt.

Im Anschluß daran rundet das Kapitel 8 das Thema mit einem Exkurs dahingehend ab, daß eine weitergehende Nutzungsmöglichkeit der Online-Dienste am Beispiel des elektronischen Geldes aufgezeigt wird. Im Kapitel 9 werden dann einige volkswirtschaftliche Aspekte aufgezeigt, die sich aus dem vorher Dargestellten ergeben.

Im Kapitel 10 werden die wesentlichen Ergebnisse der Arbeit zusammengefaßt und einem alternativen Modell für die Abwicklung von Bankgeschäften über Online-Dienste gegenübergestellt.

Der Aufbau der Arbeit kann in der folgenden Grafik dargestellt werden:

```
┌─────────────────────────────────────────────────────┐
│              ┌──────────────────────────┐            │
│              │        Einleitung        │            │
│              └──────────────────────────┘            │
│                          ↓                           │
│         ┌─────────────────────────────────┐          │
│         │ Grundlegende Begriffe und Definitionen │     │
│         └─────────────────────────────────┘          │
│                                                      │
│   ┌──────────┐  ┌──────────┐  ┌──────────┐           │
│   │ Beteiligte│  │ Voraus-  │  │ Dienst-  │           │
│   │          │  │ setzungen│  │leistungen│           │
│   └──────────┘  └──────────┘  └──────────┘           │
│                                                      │
│         ┌─────────────────────────────────┐          │
│         │        Marktvergleich           │          │
│         └─────────────────────────────────┘          │
│                          ↓                           │
│         ┌─────────────────────────────────┐          │
│         │          Bewertung              │          │
│         └─────────────────────────────────┘          │
│                                                      │
│   ┌──────────────────┐  ┌──────────────────┐         │
│   │ Elektronisches Geld│ │ Volkswirtschaftliche│     │
│   │                  │  │    Betrachtung    │         │
│   └──────────────────┘  └──────────────────┘         │
│                                          ↓           │
│         ┌─────────────────────────────────┐          │
│         │       Schlußbetrachtung         │          │
│         └─────────────────────────────────┘          │
└─────────────────────────────────────────────────────┘
```

Abbildung 1: Aufbau der Arbeit

1.3 Vorgehen

Das Thema „Banken und Online-Dienste" bringt zwei in der Literatur in sehr unterschiedlicher Ausführlichkeit dargestellte Bereiche zusammen. Für die Darstellung der Belange der Banken konnte daher auf vielfältige Literatur zurückgegriffen werden. Zu Online-Diensten existiert vergleichsweise wenig Literatur und diese ist zumeist Mitte der achtziger Jahre zum Bildschirmtext erschienen. Neuere Literatur, die auch aktuelle Entwicklungen reflektiert, findet sich in ausreichendem Umfang nur zum Internet. Daher wurden Informationsmaterialien, die die jeweiligen Online-Dienste zur Verfügung stellen, hinzugezogen.

Für alle Teile der Arbeit gilt, daß ergänzend zu den Informationen aus der papiergebundenen Literatur auch Informationen hinzugezogen wurden, die über die Online-Dienste - vor allem über das Internet - verfügbar waren.

Für den Marktvergleich des Kapitels 6 wurden unterschiedliche Methoden angewendet. Zu den Angeboten der Banken in T-Online wurde neben dem Studium der Literatur und der in T-Online selber vorgehaltenen Informationen, eine kurze telefonische oder schriftliche Befragung der Banken durchgeführt, soweit die anderen Informationsquellen nicht ergiebig genug waren.[2] Der Fragebogen, der als Grundlage dieser Befragung diente, findet sich im Anhang A.

Da es sehr viele Banken gibt, die ein Angebot in T-Online vorhalten, war für diese Betrachtung unabhängig von der Art der Datenerfassung eine Beschränkung auf einen Teil der Banken notwendig. Daher wurde nach dem Konzentrationsverfahren vorgegangen. Konkret wurde das Verfahren der typischen Auswahl verwendet, indem eine Beschränkung auf einen Teil der Grundgesamtheit vorgenommen wird, von dem man annimmt, daß er repräsentativ für die Gesamtheit ist.[3] Die konkrete Auswahl für den Marktvergleich wird unter 6.1 dargestellt.

Der Marktvergleich der Anbieter im Internet erfolgte vollständig auf der Basis der von den Banken im Internet zur Verfügung gestellten Informationen. Für den Marktvergleich der Betreiber wurde hingegen das von den Betreibern auf Anfrage zur Verfügung gestellte Informationsmaterial - hauptsächlich Pressemappen - verwendet und durch Informationen aus der Literatur ergänzt.

Zu einzelnen Detailfragen wurden schriftlich oder telefonisch individuelle Informationen eingeholt.

---

[2] Vgl. Hammann/Erichson (1994), S. 78 ff.

[3] Vgl. Hammann/Erichson (1994), S. 115

2 Grundlegende Begriffe und Definitionen

In diesem Kapitel werden für den weiteren Verlauf der Arbeit grundlegende Begriffe erklärt und Definitionen getroffen. Der in dieser Arbeit in Rede stehende Bereich der elektronischen Finanztransaktionen wird im allgemeinen mit *Electronic Banking* bezeichnet. Electronic Banking kann wie folgt definiert werden:

> „Unter Electronic Banking seien ... alle EDV unterstützten Dienstleistungen verstanden, die im Verkehr zwischen Bankkunde und Bank angeboten werden, ohne direkte Involvierung des Bankpersonals."[4]

Darunter fallen dann u.a. die Kundenselbstbedienung über Geldausgabeautomaten und das EFTPOS[5], die nicht Gegenstand dieser Arbeit sind. In dieser Arbeit geht es um die Abwicklung von Bankgeschäften über Online-Dienste. Dazu werden zunächst die folgenden Begriffe geklärt:

2.1 Banken

Für den Begriff *Bank* hat sich in der betriebswirtschaftlichen Literatur keine Definition durchsetzen können.[6] Daher soll für diese Arbeit die juristische Definition aus dem „Gesetz über das Kreditwesen" zugrunde gelegt werden. In diesem werden Kreditinstitute[7] abschließend wie folgt definiert:

> „Kreditinstitute sind Unternehmungen, die Bankgeschäfte betreiben, wenn der Umfang dieser Geschäfte einen eingerichteten Geschäftsbetrieb erfordert."[8] Bankgeschäfte im Sinne des Gesetzes sind: Einlagengeschäft, Kreditgeschäft, Diskontgeschäft, Effektengeschäft, Depotgeschäft, Investmentgeschäft, die Eingehung der Verpflichtung; Darlehnsforderungen vor Fälligkeit zu erwerben, das Garantiegeschäft und das Girogeschäft.[9]

Es reicht für eine Bank aus, eines dieser Geschäfte zu betreiben.

---

[4]Straub (1990), S. 36

[5]EFTPOS steht für „electronic funds transfer at point of sale" und ist die internationale Bezeichnung für eine Kasse mit elektronischer Zahlungsfunktion. (Vgl. Dorner (1992), S. 13) In Deutschland ist EFTPOS vor allem als „electronic cash" bekannt und meint dann das bargeldlose Bezahlen an Ladenkassen mit einer Magnetstreifenkarte und die elektronische Abrechnung der Zahlung. (Vgl. Konert (1993), S. 58)

[6]Vgl. Mühlhaupt (1980), S. 19

[7]Die Begriffe Kreditinstitut, Geldinstitut und Bank werden in dieser Arbeit synonym verwendet.

[8]Gesetz über das Kreditwesen (1961), § 1 I

[9]S. Gesetz über das Kreditwesen (1961); § 1 I

2.2 Online-Dienste

Die Terminologie zu Online-Diensten ist noch sehr uneinheitlich. Häufig wird wie folgt zwischen *Videotex* und Online-Diensten unterschieden:

„Der Begriff Videotex soll als generische Bezeichnung für solche interaktiven telematischen Systeme verstanden werden, die durch die Kombination tendenziell preiswerter und leicht bedienbarer Datenendgeräte (Terminals) aus den Bereichen der Unterhaltungs- und Konsumelektronik mit flächendeckenden und kostendeckenden Datenübertragungsnetzen einem breiten Zielpublikum zur Verfügung stehen."[10]

Die deutsche Variante des Videotex ist der Bildschirmtext (Btx)[11]. Besondere Beachtung verdienen im Rahmen dieser Definition die „tendenziell preiswerten und leicht bedienbaren Datenendgeräte", denn diese sind bei den amerikanischen Diensten, die allgemein als Online-Dienste bezeichnet werden, nicht gegeben. Ihr Datenendgerät ist der Personal Computer (PC).[12]

Nach diesem Unterscheidungskriterium zwischen Videotex und Online-Dienst ist es sinnvoll, neuerdings auch T-Online mit wachsender Ausrichtung auf das Datenendgerät PC[13] als Online-Dienst zu bezeichnen, wie es oft geschieht.[14]

Es erscheint allerdings nicht sinnvoll, Online-Dienste über die Verwendung von PCs als Endgeräte zu definieren, da hiervon der Charakter der erbrachten Dienste nicht erfaßt wird. Sinnvoller ist eine Definition, die die Dienste in den Vordergrund stellt. Eine eigene kurze und prägnante Definition von Online-Diensten existiert zur Zeit noch nicht.[15] Deshalb sollen die Online-Dienste für diese Arbeit wie folgt definiert werden:

Der Begriff Online-Dienste soll als Bezeichnung für solche interaktiven telematischen Systeme verstanden werden, die mit flächendeckenden Datenübertragungsnetzen einem breiten Zielpublikum zur Verfügung stehen.[16]

---

[10]Zimmermann (1995), S. 316. Telematik bezeichnet die Verschmelzung von Informatik und Telematik. (Vgl. Schmid (1994), S. 48)

[11]„Der Bildschirmtext (eng. interactive videotex service; Abkürzungen Btx, BTX) ist ein Fernmeldedienst der Deutschen Telekom für die individuelle Textkommunikation, bei dem Nachrichten als Text und Grafik über das öffentliche Telekommunikationsnetz übermittelt werden und auf dem Bildschirm des Teilnehmerendegeräts ... ausgegeben werden." (Hansen (1992), S. 832)

[12]Vgl. Zimmermann (1995), S. 332 ff.

[13]Braun et al. (1995), S. 1

[14]Vgl. Birkelbach (1995b), S.260

[15]Vgl. Zimmermann (1996), E-Mail

[16]Vgl. dazu die oben augeführte Definition von Videotex von Zimmermann.

Eine solche Definition erscheint aus den folgenden Gründen angemessen: Durch die Forderung der flächendeckenden Datenübertragungsnetze, also insbesondere Netzeinwahlknoten, und der geforderten Ausrichtung auf ein breites Zielpublikum, grenzt sie die Online-Dienste von den Betreibern privater Mailboxen[17] und den Betreibern von online abfragbaren Datenbanken ab. Andererseits bezieht diese Definition auch die Videotex-Dienste wie Btx ein.

Der Begriff Online-Dienst steht somit für das ganze System. Das dahinterstehende Unternehmen, das den Online-Dienst betreibt, ist der *Betreiber*. Die Aufgaben der Betreiber werden unter 5.2 näher beschrieben.

2.3 Online-Banking

Die Abwicklung von Bankgeschäften über Online-Dienste wird in der Literatur unter verschiedene Begriffe gefaßt, exemplarisch sind die Auffassungen von *Hafner, Straub, Frank* sowie *Zimmermann und Kuhn* dargestellt:

Hafner verwendet den Begriff Homebanking[18], den er wie folgt definiert:

„Home Banking ist die Möglichkeit und Technik der direkten Abwicklung von Bankgeschäften vom Standort des Kunden. Es beinhaltet im Rahmen der Kundenselbstbedienung die Kommunikation zwischen Kunde und Bank über bildschirmtextähnliche Systeme, Heimterminals oder Telefoneinrichtungen und ist sowohl im privaten als auch im gewerblichen Bereich einsetzbar."[19]

In dieser Definition geht Homebanking über das hinaus, was Gegenstand dieser Arbeit sein soll, da es auch das sog. „Banking-by-phone"[20] einschließt.

---

[17]Eine Mailbox i.e.S. stellt dem Benutzer ein elektronisches Postfach zur Verfügung. (Vgl Zilahi-Szabó (1995), S. 342) „In Deutschland hat sich der Begriff Mailbox auch für solch Datenbanken eingebürgert, die nur ein 'schwarzes Brett' anbieten. Dort können Nachrichte von jedermann gelesen werden." (Lipinski (1994), S. 516) Mailbox ist hier in der zweite Bedeutung zu verstehen.

[18] Homebanking wird teilweise auch „Home Banking" oder „Home-Banking" geschrieben.

[19]Hafner (1984), S. 6

[20]Dabei „stellt der Kunde mit Hilfe eines Tastentelefons die Verbindung zum Computer der Ban her, und unter Angabe bestimmter Code-Anweisungen ... ist der Benutzer in der Lage Kontoaufträge, Daueraufträge, Überweisungen u.ä. ... auszuführen." (Hafner (1984), S. 12)

Bei Straub findet der Begriff Telebanking mit folgender Definition Verwendung:

„Telebanking umfasst alle Möglichkeiten und Techniken, die dem Kunden ermöglichen, von seinem Standort aus, unter Benützung telematischer Systeme, direkt Bankgeschäfte zu tätigen."[21]

Diese Definition ist ebenso weit gefaßt, wie die von Hafner, denn Straub versteht darunter sowohl die Kommunikation über das Telefon, über Videotex und die direkte Rechnerverbindung zwischen Kunden und Bank.[22] Er unterscheidet das Telebanking nach der Zielkundschaft in Homebanking, das sich an die Privatkunden richtet und in das an die kommerziellen bzw. institutionellen Kunden gerichtete Office-Banking.[23, 24]

Diesen weiten Definitionen von Homebanking stehen die lediglich auf Btx abstellenden Definitionen wie die von Frank entgegen:

„Homebanking ist eine Dienstleistung der Banken, welche dem Bankkunden die Möglichkeit gibt, mit Hilfe von Btx sowohl Informationen seiner Bank abzurufen, als auch mit dieser aktiv zu kommunizieren."[25]

Diese Definition schließt nicht nur im Vergleich zu Hafner das Telefon als Kommunikationsweg des Homebankings aus, sondern auch die anderen Online-Dienste. Diese Art Bankgeschäfte zu erledigen, ist mit *Btx-Banking* treffender beschrieben, wie das im weiteren Verlauf der Arbeit auch geschehen soll.

Zimmermann und Kuhn verwenden die Begriffe Telebanking und Homebanking synonym und verstehen

„darunter telematische Systeme..., die es einem Retailkunden ermöglichen, von seinem Standort aus elektronisch, ohne Einschaltung von Bankmitarbeitern, Bankgeschäfte abzuwickeln."[26]

Diese Definition unterscheidet sich dadurch von den beiden anderen, daß sie nur auf die Retailkunden abstellt, was sinnvoll erscheint, da Großkunden weitergehende Anforderungen stellen, z. B. die Integration in ihre Finanz- und Liquidi-

---

[21]Straub (1990), S.132

[22]Vgl. Straub (1990), S. 139

[23]Vgl. Straub (1990), S. 133

[24]Also anders als Hafner, bei dem sich *Home*banking auf den Standort des Kunden bezieht.

[25]Frank (1990), S.37

[26]Zimmermann/Kuhn (1995), S. 34. Retail Banking: „Bezeichnung für Privatkundengeschäft, auch Mengengeschäft." (Gabler (1995), S. 1317)

tätsplanung.[27] Aber auch diese Definition ist zu weit, da Telematikdienste auch Telefax und Telex sein können.[28] Da somit eine allgemein anerkannte und eindeutige Definition nicht existiert, soll eine eigene Arbeitsdefinition festgelegt werden:

> Online-Banking ist die Möglichkeit und Technik der direkten Abwicklung von Bankgeschäften vom Standort des Kunden, unter Verwendung von Online-Diensten.[29]

So definiert, ist Online-Banking eine Ausprägung von Homebanking wie Hafner es definiert[30] und läßt sich somit in die in Abbildung 2 dargestellte Systematik des Electronic Banking einordnen.

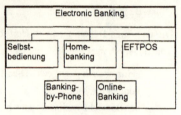

Abbildung 2: Electronic Banking[31]

2.4 Elektronische Informationsdienste

„Unter einem elektronischen Informationsdienst verstehen wir die ortslose und zeitlose kommunikative Austauschmöglichkeit von elektronischen Informationen zwischen Informationsbezügern und Informationslieferanten."[32]

---

[27]Vgl. Hafner (1984), S. 50 ff.

[28]Vgl. Hansen (1992), S. 808

[29] Birkelbach verwendet diesen Begriff in diesem Sinne, ohne ihn zu definieren. (Vgl. Birkelbach (1995a), S. 18 ff.)

[30]In dieser Arbeit soll unter Hombanking die Definition Hafners verstanden werden.

[31]Vgl. für die oberen beiden Ebenen Straub (1990), S. 37

[32]Dratva (1995), S. 96. Um die Einheitlichkeit der Terminologie zu wahren, soll im weiteren von Informationsnachfragern und Informationsanbietern gesprochen werden. Information ist „zielgerichtetes Wissen" (Busse von Colbe/Laßmann (1991), S. 8)

Um die Effizienz und Effektivität der Informationssuche innerhalb eines Informationsdienstes zu messen, kann man die folgenden Recall- und Precision-Werte ermitteln:

- $Recall = \dfrac{\text{Zahl der gefundenen relevanten Informationen}}{\text{Zahl aller relevanten Informationen in der Informationsbasis}}$

- $Precision = \dfrac{\text{Zahl der gefundenen relevanten Informationen}}{\text{Zahl aller gefundenen Informationen in der Informationsbasis}}$

Der Recall-Wert stellt ein Maß für die Vollständigkeit dar und der Precision-Wert ein Maß für die Genauigkeit der Informationssuche.[33]

Diese beiden Werte sind dann relevant, wenn die Informationssuche zielgerichtet erfolgt. Wird nicht zielgerichtet gesucht, sondern im Angebot „herumgestöbert", nennt man das „Browsing". Das geschieht häufig zum Vergnügen des Informationssuchers, bringt aber für diesen auch die Gefahr mit sich, im Informationsangebot die Orientierung zu verlieren oder das eigentliche Suchziel zu vergessen (Serendipity-Effekt). Diese beiden Arten der Informationssuche - zielgerichtet und herumstöbernd - gilt es zu trennen, insbesondere da man davon ausgehen kann, daß im geschäftlichen Bereich das zielgerichtete Vorgehen vorherrscht, im privaten Bereich aber auch das Browsing eine Rolle spielt. Ein Informationsanbieter sollte das beachten, wenn er die eine oder andere Zielgruppe ansprechen will. Beim Browsing ergibt sich für ihn das grundsätzliche Problem, daß der Informationssucher ggf. durch andere Angebote abgelenkt wird.[34]

Elektronische Informationen können in zwei Dimensionen unterschieden werden: Die erste Dimension differenziert nach der *Beziehung zwischen den Teilnehmern* in:

- Individuelle Informations-Dienstleistungen (Beziehung 1:1),

- „Broadcast"-Informationsdienstleistungen (Beziehung 1:n) und

- „Marktplatz"-Informationsdienstleistungen (Beziehung n:m)[35]

Dabei bedeutet 1:1, daß einem Informationsanbieter ein Informationsnachfrager gegenübersteht, 1:n, daß einem Informationsanbieter viele Informationsnachfrager gegenüberstehen und n:m entsprechend, daß vielen Informationsanbietern viele Informationsnachfrager gegenüberstehen.

---

[33]Vgl. zu Recall- und Precisionwerten Dratva (1995), S. 98

[34]Vgl. Dratva (1995), S. 99 ff.

[35]Vgl. für die Aufzählung Dratva (1995), S. 105

Die zweite Unterscheidungsdimension differenziert nach der *Interaktion zwischen den Teilnehmern* und zwar in:

- Information on specific demand: Die Information wird für den Nachfrager speziell erstellt.

- Information on delivery: Der Nachfrager bekommt die Information nach Erstellung selbsttätig.

- Information on stock: Der Nachfrager bezieht eine Information, die der Anbieter vorhält.[36]

Kombiniert man die beiden Dimensionen erhält man eine Matrix, wie in Abbildung 3 dargestellt und mit Beispielen versehen.

Interaktionsart Beziehung	Information on specific demand	Information on delivery	Information on stock
(1:1)	individuelle Depotbewertung	periodischer Kontoauszug	Kontostand
(1:n)		elektr. Werberundschreiben	elektr. Datenarchive
(n:m)	elektronische Telekonferenzen	Listserver	elektr. „schwarze Bretter"

Abbildung 3: Kategorien elektronischer Informationen[37]

2.5 Elektronischer Markt und Electronic Mall

Der Elektronische Markt kann wie folgt definiert werden.

„Elektronische Märkte im engeren Sinn sind mit Hilfe der Telematik realisierte Marktplätze, d. h. Mechanismen des marktmäßigen Tausches von Gütern und Leistungen, die alle Phasen der Transaktion ... unterstützen."[38] Elektronische Märkte i.w.S. unterstützen die Marktkoordination in einzelnen oder mehreren Phasen.[39]

Online-Banking nach der oben getroffenen Definition ist ein Elektronischer Markt. Werden alle Phasen der Finanztransaktion, nämlich Information, Vereinbarung und

---

[36]Vgl. für die Aufzählung Dratva (1995), S. 105 ff.

[37]Vgl. Dratva (1995), S. 109 ff., vom Verfasser zusammengefaßt und angepaßt.

[38]Schmid (1993), S. 468

[39] Vgl. Schmid (1993), S. 468

Abwicklung[40], über Online-Dienste abgewickelt, ist nach obiger Definition ein Elektronischer Markt i.e.S. gegeben.

Electronic Mall

Aufbauend auf den Elektronischen Markt haben *Zimmermann und Kuhn* ein grundlegendes Konzept für eine Electronic Mall entwickelt. Dieses Konzept soll, soweit es für das Online-Banking sinnvoll ist, hier dargestellt werden. Anhand der Electronic Mall soll später das Zusammenspiel zwischen Banken und Online-Diensten im Online-Banking dargestellt werden.

„Die Electronic Mall kann als ortsloses, virtuelles Kaufhaus und Dienstleistungszentrum angesehen werden, in dem diese Angebote und Nachfragen[41] präsent sind und sich treffen können."[42]

So verstanden ist die Electronic Mall der Oberbegriff zu einer virtuellen Bank. Die Bank ist ein Teilbereich des elektronischen Warenhauses. Der Begriff „virtuelle Bank" soll aber in dieser Arbeit nicht verwendet werden, da darunter zumeist etwas weitergehendes verstanden wird als Online-Banking.[43]

Die Funktionalität einer so definierten Electronic Mall, kann anhand des folgenden Schichtenmodells dargestellt werden:

---

[40]Vgl. Zimmermann/Kuhn (1995), S. 37

[41]Gemeint sind die Angebote und Nachfragen auf einem Elektronischen Markt, der Verfasser.

[42]Schmid (1995), S. 19

[43] Der Begriff „virtuelle Bank" wird häufig als ein auch die interne Organisation einer Bank betreffendes Konzept verstanden. Innerhalb dieses Konzepts spielt die Informations- und Kommunikationstechnik eine entscheidende Rolle, da sie zum einen ermöglicht, die Schnittstellen zwischen Kunde und Bank in diesem Sinn zu gestalten (z.B: Homebanking) und zum anderen die Zusammenarbeit in einem Unternehmen durch z.B: Videokonferenzen über Hochgeschwindigkeitsdatenleitungen möglich macht. Das ermöglicht eine weltumspannende dezentrale Organisation eines Unternehmens unter Nutzung von Informations- und Kommunikationstechnologien oder den aufgabenbezogenen Zusammenschluß von rechtlich selbständigen Unternehmen, z. B. von verschiedenen Spezialbanken zu einer dann virtuellen Universalbank. (Vgl. Gerard/Wild (1995), S. 529 ff.)

| Mehrwert-Anwendungen |
| Anwendungsplattform |
| Netzdienste-Plattform |
| Kommunikationsnetze |

Abbildung 4: Schichtenmodell Electronic Mall[44]

Die *Kommunikationsnetze* stellen das physische Transportmedium dar. Diese können zum Beispiel aus terrestrischen Fernmeldenetzen, Satellitennetzen oder lokalen Netzen bestehen.[45]

Die *Netzdiensteplattform* stellt Netzmehrwertdienste[46] zur Verfügung. Das können zum Beispiel MHS-Dienste[47] sein oder sogenannte *Forum-Dienste*: „Als Forum-Dienste werden solche Netzmehrwertdienste bezeichnet, die einer Menge von Nachfragern beliebige Informationsobjekte zur Verfügung stellen."[48] Die Kernfunktionen eines Forum-Dienstes sind: Daten zu lagern und zu verwalten, Daten zu vermitteln oder zusätzliche Dienste (z. B. Katalogdienste) anzubieten. Außerdem fallen unter Forum-Dienste noch *Gateway-Dienste*[49]. Diese ermöglichen, daß verschiedene Rechner über den Online-Dienst miteinander kommunizieren.[50] Bei T-Online entspricht die Speicherung von Informationen in den Rechnern der Telekom den Forum-Diensten und die Anbindung der Externen Rechner den Gateway-Diensten.[51]

Über die *Anwendungsplattform* kommunizieren die Anbieter und die Nachfrager miteinander, daher ist diese Schicht für die Marktteilnehmer die zentrale Schicht, hier treffen sich Angebot und Nachfrage. Innerhalb der Anwendungen auf dieser

---

[44]Vgl. Zimmermann/Kuhn 1995, S. 54 f.

[45]Vgl. Hansen (1992), S. 682

[46]„Mehrwertdienste (engl. value added network services; abgekürzt: VANS) sind Dienste, die über das reine Übermitteln von Information (Basisdienst) hinausgehen. Man unterscheidet netznahe und anwendungsnahe Dienstleistungen." (Vgl. Hansen (1992), S. 810)

[47]MHS: „Das Mitteilungsübermittlungssystem (engl.: message handling system; MHS; X.400) ist ein System für den Transport elektronischer Post (Nachrichten) zwischen Kommunikationspartnern in einer vernetzten Umgebung." (Hansen (1992), S. 743) Im Internet wird als MHS das SMTP verwendet.

[48]Zimmermann/Kuhn (1995), S. 64

[49]Gateway bezeichnet grundsätzlich „die Hard- und Software, um verschiedene Netze miteinander zu verbinden oder an andere Netze durch Protokollumsetzung anzuschließen." (Lipinski (1994), S. 410)

[50]Vgl. Zimmermann/Kuhn (1995), S. 69

[51] T-Online wird im Abschnitt 6.3.1 ausführlicher dargestellt.

Schicht gibt es *Basis-Anwendungen*, die dadurch gekennzeichnet sind, daß sie aus Sicht eines Nachfragers genau eine spezielle Funktion erfüllen, z. B. Kontostandsabfragen.[52]

Aufgabe der *Mehrwertanwendungen* ist es, dem Benutzer einen über die direkte Nutzung der Anwendungsplattform hinausgehenden Nutzen zu bieten, z. B. durch die individuelle Sortierung des Angebots. Ein Mehrwert kann entweder an der Benutzerschnittstelle oder durch die redaktionelle Betreuung und Aufbereitung von Basis-Diensten, durch die Bereitstellung von Marktmechanismen erreicht werden. An der Benutzerschnittstelle kann dies z. B. durch eine einheitliche Oberfläche oder die Abstimmung einzelner Basis-Anwendungen aufeinander geschehen. Die redaktionelle Betreuung bündelt beispielsweise Basisanwendungen nach bestimmten Kriterien. Die Bereitstellung von Marktmechanismen bedeutet Koordinationsmöglichkeiten für Markttransaktionen - also Käufe und Verkäufe - zur Verfügung zu stellen.[53]

Die wesentliche Aufgabe des Schichtenmodells ist es, die funktionale Schichtung einer Electronic Mall aufzuzeigen und die logische Trennung der Schichten deutlich werden zu lassen. In der Praxis ist allerdings festzustellen, daß einzelne Schichten häufig integriert implementiert worden sind.[54]

---

[52]Vgl. hierzu ausführlicher 5.1.3.

[53]Vgl. Zimmermann/Kuhn (1995), S. 54 ff.

[54]Vgl. Zimmermann/Kuhn (1995), S. 78 f.

3 Beteiligte

Werden über Online-Dienste Geschäfte getätigt, z. B. im Rahmen des oben definierten Online-Banking, so sind die Parteien Diensteanbieter, -nachfrager und Betreiber beteiligt.

Anbieter stellen eine Instanz dar, die in einem Online-Dienst Güter und Dienstleistungen offeriert. *Nachfrager* ist derjenige, der die von den Anbietern angebotenen Güter und Dienstleistungen abnimmt.[55]

In Online-Diensten ist die Unterscheidung zwischen Anbieter und Nachfrager auf den einzelnen bezogen nicht festgeschrieben, denn private Nutzer, die hauptsächlich als Nachfrager von Leistungen auftreten, werden z. B. dann zum Anbieter von Informationen, wenn sie einen Beitrag in einer Internet-Diskussionsliste[56] zur Verfügung stellen. Im Rahmen dieser Arbeit soll jedoch von dieser Möglichkeit abgesehen werden, und auf Finanzdienstleistungen bezogen, sollen die Banken als Anbieter verstanden werden und die Kunden als Nachfrager.[57]

Neben Anbietern und Nachfragern ist eine dritte Partei in einem Online-Dienst beteiligt, die als *Betreiber* bezeichnet werden soll. Diese stellt „grundsätzlich elektronische Marktdienste bereit, die den Austausch von Gütern und Dienstleistungen zwischen Anbietern und Nachfragern bewirken und unterstützen."[58]

Für die telematische Kommunikation zwischen Kunde und Bank gibt es verschiedene Möglichkeiten. Die Einbeziehung eines Betreibers ist nicht zwingend erforderlich, denn die Kunden können sich direkt unter Verwendung eines Modems über die Telefonleitung mit dem Rechner der Bank verbinden lassen.[59]

Unter Beteiligung eines Betreibers als Mittler kann die Kommunikation stattfinden, indem dieser die Kunden direkt mit dem Bankrechner verbindet[60] oder aber, indem die Banken innerhalb des Diensteangebots des Betreibers präsent sind.[61]

---

[55]Vgl. Zimmermann/Kuhn (1995), S. 82

[56]Vgl. Maier/Wildberger (1995); S. 37 f.

[57]Vgl. Zimmermann/Kuhn (1995), S. 81 f.

[58]Zimmermann/Kuhn (1995), S. 83

[59]Die Dresdner Bank faßt dieses unter TeleBanking. (Vgl. Dresdner Bank (1995), S. 4)

[60]Im T-Online-System werden die Bankrechner über Datex-J als Externe Rechner eingebunden. (Vgl. Knut 1994, S. 278)

Die drei Beteiligten werden im folgenden Abschnitt einzeln dargestellt. Dabei wird wie folgt vorgegangen: Zuerst werden die Beteiligten und ihre gegenwärtige Markt- bzw. Wettbewerbssituation beschrieben. Aus der Situation werden dann die Ziele abgeleitet, die die Beteiligten in bezug auf das Online-Banking verfolgen. Danach wird geprüft, welche Anforderungen die Beteiligten an ein System stellen, damit es aus ihrer Sicht zum Online-Banking geeignet ist.

3.1 Diensteanbieter

In Anlehnung an das oben gesagte, sind die Diensteanbieter die unter 2.1 definierten Banken.

3.1.1 Rolle

Die Banken, wie oben definiert, sind keine homogene Gruppe. Die innerhalb des Bankensektors existierenden verschiedenen Banktypen, können grundsätzlich nach den Kriterien Geldschöpfungsfähigkeit, Fristigkeit der genommenen und gewährten Kredite, Umfang des Leistungsangebots, nach dem Kundenkreis und nach der Rechtsform unterschieden werden.[62]

In bezug auf das Online-Banking ist vor allem die Differenzierung nach dem Leistungsumfang relevant, da die unterschiedlichen Leistungen sich - wie noch nachzuweisen ist - auch unterschiedlich für das Online-Banking eignen.

In Deutschland existiert ein Universalbanksystem, in dem neben einigen Spezialbanken hauptsächlich Universalbanken vorkommen[63]. Universalbanken „sind Geschäftsbanken, die (fast) alle Bankgeschäfte betreiben, d. h. sowohl das Einlagengeschäft und Kreditgeschäft ... als auch das Wertpapiergeschäft."[64] Im Gegensatz dazu sind Spezialbanken Geschäftsbanken, die nur eine Art oder wenige Arten von Bankgeschäften betreiben.[65]

Für den weiteren Verlauf der Arbeit ist mit Bank immer eine Universalbank mit ensprechendem Leistungsumfang gemeint, soweit nicht gesondert darauf hinge-

---

[61]Im T-Online-System existiert häufig ein kombiniertes Verfahren. Die Banken halten eine Leitseite in Btx, von der aus die Kunden mit dem Bankrechner verbunden werden. (Vgl. Bartel (1995), S. 151 f.) Zu den Unterschieden zwischen Bildschirmtext, Datex-J und T-Online siehe 6.3.1

[62]Vgl. Mühlhaupt (1980), S. 62 ff.

[63]Ende 1993 gab es in der Bundesrepublik 3.815 Universalbanken und 224 Spezialbanken. (Vgl. Stein (1995), S. 41)

[64]Gabler (1995), S. 1553

[65]Vgl. Gabler (1995), S. 1430. Geschäftbank bedeutet jeweils, daß die Banken „nicht Zentralbanken sind." (Gabler (1995), S. 732)

wiesen wird. Die Rechtsform der Banken ist für den Leistungsumfang nicht von Bedeutung, soweit es sich um Universalbanken handelt.[66] Daher bleibt dieses Unterscheidungskriterium ebenso wie die anderen außen vor. Soweit sich im Verlauf der Arbeit relevante Unterscheidungen ergeben, wird gesondert darauf hingewiesen.[67]

Leistungen

In der Betriebswirtschaftslehre hat sich keine einheitliche Abgrenzung des Leistungsbegriffs durchgesetzt.[68] Zumeist wird die betriebliche Leistung als das Ergebnis der betrieblichen Tätigkeit aufgefaßt. Das absatzfähige Produkt heißt dann *Marktleistung*.[69] Die weiteren Betrachtungen beziehen sich auf Marktleistungen.

Es gestaltet sich im Bankbereich schwierig, die Marktleistungen klar zu erfassen. Es lassen sich allerdings drei Grundformen von Bedürfnissen ausmachen, die Banken durch Marktleistungen befriedigen:

- Geldanlagemöglichkeiten,

- Finanzierungsmöglichkeiten und

- Verwahrung und Verwaltung von Wertobjekten[70].[71]

Teilweise wird in der *Beratung* eine weitere Kategorie der Marktleistungen gesehen. Meistens handelt es sich bei der Beratung aber jedoch um das Erklären bestimmter Leistungsarten oder um Empfehlungen bei der Wahl von alternativen Leistungen. Eine eigenständige Leistungskategorie wird die Beratung erst dann, wenn sie über das Erklären bestimmter Leistungsarten hinaus als selbständiges und umfassendes Angebot gestaltet wird.[72]

Neben die auf die Befriedigung dieser Bedürfnisse ausgerichteten Leistungen einer Bank, treten die diese Leistungen vorbereitenden und ergänzenden Maßnahmen, wesentlich ist hier die *Kommunikation*. Die Kommunikation wird gewöhnlich in die drei Instrumente Öffentlichkeitsarbeit, Werbung i.e.S. und Verkaufsförderung unterschieden:

---

[66]Vgl. Friedrich et al. (1988), S. 45

[67]Eine Sonderstellung nahm bisher die Deutsche Postbank AG ein, deren Leistungsumfang auf Zahlungsverkehrsdienstleistungen und Einlagengeschäft beschränkt war. Seit dem 1.1.1995 ist sie den anderen Banken gleichgestellt. (Vgl. Gabler (1995), S. 421)

[68]Vgl. Büschgen (1993), S. 309

[69]Vgl. Hein (1981), S. 21

[70]Hierunter fällt z. B. der Zahlungsverkehr.

[71]Vgl. für die Aufzählung Hein (1981), S. 24

[72]Vgl. Hein (1981), S. 29

- Die *Öffentlichkeitsarbeit* richtet sich an alle interessierten Personen mit der Absicht, eine positive Einstellung zum Unternehmen zu bewirken.

- Die *Werbung i.e.S.* richtet sich dagegen direkter an Kunden und potentielle Kunden, indem sie über Leistungen des Instituts informiert.

- Die *Verkaufsförderung* richtet sich gezielt an einzelne Kunden bzw. einzelne potentielle Kunden und soll kaufentscheidene Impulse geben.[73]

Situation

Die Mitte der 60er Jahre forcierte Einführung des Lohn- und Gehaltskontos führte neben einem erheblichen Anstieg der Anzahl der Privatgirokonten, auch zu einem noch stärkeren Anstieg der Transaktionen im Zahlungsverkehr.[74]

Mit dieser Entwicklung ging eine rapide Steigerung sowohl der Personalkosten als auch der Sachkosten einher.[75] Als Gegenmaßnahme wurde die bis dahin expansive Zweigstellenpolitik überdacht und die Anwendung moderner Telekommunikationstechnologien forciert.[76] Diese Automatisierung fand ihren Ursprung zunächst im Bestreben, die Arbeitsabläufe innerhalb der Bank wirtschaftlicher zu gestalten. Später gewann über die Rationalisierungsbestrebungen hinaus, die Verbesserung des Kundenservice an Bedeutung.[77] Bereits in der Anfangsphase lag es im Interesse der Banken, den Kunden in den Automatisierungsprozeß einzubinden.[78]

Besonders im Mittelpunkt des Rationalisierungsintereresses ständen von Anfang an die arbeitsintensiven Zahlungsverkehrsverfahren, die als defizitär empfunden wurden.[79]

Das deutsche Bankgewerbe befindet sich seit Jahren in einem Konzentrationsprozeß, infolgedessen die Zahl der selbständigen Kreditinstitute immer weiter abnimmt. Hinzu kommt die aufgrund der Deregulierungen verstärkte Konkurrenz

---

[73]Vgl. für die Aufzählung Hein (1981), 239 f. und Süchting (1992), S. 472 ff.

[74]Vgl. Frank (1990); S. 4 ff. Eine Schätzung aus dem Jahre 1983 geht davon aus, daß sich in den 25 Jahren zuvor, die Anzahl der Transaktionen verzehnfacht hat. (Vgl. Frank (1990), S. 6)

[75]Vgl. Straub (1990), S. 57

[76]Vgl. Straub (1990), S. 59

[77]Vgl. Süchting (1992), S. 57 f.

[78]Vgl. Süchting (1992), S. 59

[79]Bei den Sparkassen verursachte 1986 die Bearbeitung des beleglosen Zahlungsverkehrs 60% des gesamten Arbeitsanfalls. (Vgl. Frank (1990), S. 6) Dieses Defizit ist allerdings nicht unumstritten, da zum einen die Anwendung des Verursachungsprinzips bei Banken grundsätzlich schwierig ist und zum anderen der sich ergebende Guthabennutzen nicht explizit einbezogen wird. Im weiteren Verlauf wird aber der vorherrschenden Meinung folgend ein Defizit in diesen Bereichen unterstellt, das zu verringern die Banken bestrebt sind. (Vgl. Kollhöfer (1991), S. 177 ff.)

durch ausländische Konkurrenten und branchenfremde Unternehmen (Non- und Nearbanks).[80]

3.1.2 Ziele

„Die Zielkonzeption jeder Unternehmung, also auch der Kreditwirtschaft, ist aus ihrem Grundauftrag abzuleiten."[81] Der Grundauftrag ist von der Rechtsform des jeweiligen Kreditinstituts abhängig, d. h. er ist für Privatbanken ein anderer als für Genossenschaftsbanken und Sparkassen. Allerdings zeigt sich, daß unabhängig von der Rechtsform jede Institutsgruppe in der Praxis den langfristigen Gewinn zu maximieren sucht.[82] Daher gilt unabhängig von der Rechtsform auch für Banken „Im Wirtschaftssystem der sozialen Marktwirtschaft dominiert das erwerbs wirtschaftliche Prinzip mit der daraus folgenden unternehmerischen Zielsetzung de Gewinnmaximierung."[83]

Das *Instrumentarium der Gewinnpolitik* läßt sich wie folgt darstellen:

1. Maßnahmen zur Steigerung der Zinserträge, u.a. über die Steigerung de Geschäftsvolumens durch die Erweiterung des Zweigstellennetzes, die Auf nahme neuer Leistungen oder absatzpolitischer Aktivitäten.

2. Maßnahmen zur Senkung der Zinsaufwendungen.

3. Maßnahmen zur Steigerung der Betriebserlöse, durch die Erhebung von Ge bühren auf bisher entgeltfreie Leistungen oder die Erhöhung der bisherigen Ge bühren.

4. Maßnahmen zur Senkung der Betriebskosten durch die Begrenzung de Personalkosten und die Durchführung von Rationalisierungsmaßnahmen.[84]

Im Rahmen des Online-Banking ergibt sich der Hauptansatzpunkt beim vierte Punkt, wenn es durch den Einsatz von Online-Banking gelingt, Personal zu spare oder die interne Leistungserstellung effizienter zu gestalten. Für den Zahlungs verkehr kann das dadurch geschehen, daß die EDV-konforme Erfassung der Auf träge zum Kunden hin verlagert wird.[85]

---

[80] Vgl. Müller (1996), S. 21 und Bartmann/Wörner (1996), S. B2

[81]Mühlhaupt (1980), S. 159

[82]Vgl. Süchting (1992), S. 315 ff. und Mühlhaupt (1980), S. 165 f.

[83]Süchting 1992, S. 313

[84]Vgl. für die Aufzählung Mühlhaupt (1980), S. 166 f.

[85]Vgl. Mausberg (1995), S. 223

Weiterhin können Online-Dienste absatzpolitische Aktivitäten im Sinne des ersten Punkts sein, wenn es gelingt, über dieses Angebot neue Kunden zu gewinnen. Grundsätzlich denkbar ist noch der Ansatz, für Online-Leistungen Gebühren zu erheben.[86] Wie oben festgestellt, setzen die Rationalisierungsbestrebungen der Banken vor allem im Zahlungsverkehrsbereich an. Da die Kosten im beleggebunden Zahlungsverkehr höher sind, als im beleglosen[87], liegt es im Interesse der Banken, den beleghaften Zahlungsverkehr durch den beleglosen zu ersetzen.

Dazu existieren bereits die folgenden Instrumente: Zum einen hat man sich im Interbankenverkehr frühzeitig um Automatisierung bemüht[88] und zum anderen im Kundenkontakt die Möglichkeit des Homebanking, der Selbstbedienung[89] und des DTA[90] eingeführt.

Dem Thema der Arbeit entsprechend, erfolgt lediglich die Behandlung des Online-Banking. Das seit langem große Interesse der Banken an diesem Thema zeigte sich bereits in der Einführungsphase des Bildschirmtext-Systems, zu dessen ersten Teilnehmern die Banken gehört haben.[91] Schon damals waren die langfristigen Ziele der Banken über dieses Medium zu rationalisieren, die Personalkosten zu senken und einen Konkurrenzvorteil gegenüber den anderen Banken und gegenüber Nicht-Banken zu erreichen. Zielten die Wettbewerbsbemühungen zunächst hauptsächlich auf die Ausweitung des Marktes, trat im Laufe der Zeit immer mehr der Kostenaspekt in den Vordergrund.[92] Bis zur Einführung von Btx gab es „zwei Gruppen von Zahlungen, die sich den Rationalisierungen weitgehend entzogen: Individualüberweisungen und Schecks [sowie] Barzahlungen."[93]

---

[86]Das widerspricht zwar der momentan geübten Praxis, doch war auch das Gehaltskonto nur solange unentgeltlich, bis sich die Kunden an seine Verwendung gewöhnt hatten. (Vgl. Frank (1990), S. 4) Zu den Gebühren der Banken im Online-Banking vgl. ausführlich 6.1.2

[87]Vgl. Frank (1990), S. 8 f.

[88]Vgl. Godschalk (1983), S. 107 und Etzkorn (1991), S. 1 f.

[89] Bei der Selbstbdienung wählt der Kunde die Leistung selber aus und entnimmt sie ggf. auch selbsttätig. (Vgl. Gerckens (1982), S. 74)

[90]Beim Datenträger-Austausch Verfahren (DTA) werden die Buchungen auf einer Diskette an die Bank gegeben, die diese dann automatisch verarbeiten kann. (Vgl. Altenhövel (1994), S. 14)

[91]Vgl. Meffert (1983), S. 113

[92]Vgl. Godschalk (1983), S. 115 f.

[93]Frank (1990), S. 36 (Im Original mit Spiegelstrichen getrennt.)

Vor dem Hintergrund der veränderten Wettbewerbssituation bekommen diese Ziele ein gewisse Dringlichkeit.[94]

3.1.3 Anforderungen

Die Frage der Sicherheit ist aus Sicht der Banken ein zentraler Aspekt.[95] Die besondere Sensiblität der Banken auf diesem Gebiet kann auch darauf zurückgeführt werden, daß ein Geldinstitut zu den ersten Opfern einer Manipulation über Btx gehörte.[96] Die einzelnen Gefahren werden unter 4.1.1 detailliert geschildert.

Weiterhin ist den Kreditinstituten an einem möglichst günstigen Preis-/Leistungsverhältnis bei der Verwendung von Online-Diensten gelegen. D. h. es ist in ihrem Interesse, daß sie möglichst geringe Investitions- und Betriebskosten für die notwendige Technik haben.[97]

Wichtig ist für die Bank außerdem die Verfügbarkeit des Online-Dienstes, damit ihre Kunden sich möglichst günstig - am besten zum Ortstarif - ins Netz einwählen können. Dafür sind Netzknoten in der Nähe des Kunden die Voraussetzung. Unterschieden werden muß hier zwischen den bundesweit tätigen Instituten und den in ihrem Betätigungsgebiet regional beschränkten Instituten wie Sparkassen und Genossenschaftsbanken. Die bundesweit tätigen Institute müssen darauf bedacht sein, daß ihre Kunden im Bundesgebiet durchschnittlich gute Möglichkeiten haben auf den Dienst zuzugreifen.[98] Bei den nur regional tätigen Instituten kommt es nicht auf die durchschnittliche Verfügbarkeit an, sondern darauf, ob konkret in der Region ein Netzknoten ist.[99]

Darüber hinaus ist der Leistungsumfang der jeweiligen Online-Dienste für die Banken von Interesse. Verfolgen sie auch kommunikationspolitische Ziele, kommt es hier auf den grundsätzlichen Unterhaltungswert des Dienstes an und seine Fähigkeit zur graphischen Darstellung.[100]

---

[94] Vgl. Müller (1996), S. 21

[95] Vgl. Straub (1990), S. 178 und Anderer (1995), S. 23

[96] Vgl. Pommercning (1991), S. 6

[97] Vgl. Mausberg (1995), S. 223. Zu den grundsätzlichen Schwierigkeiten der Kostenschätzung vgl. Godschalk (1983); S. 58 f.

[98] Obwohl natürlich auch hier ideal ist, wenn im ganzen Bundesgebiet zum Ortstarif zugegriffen werden kann.

[99] Vgl. Schmidhäusler (1996), S. 23

[100] Klute (1995a), S. 62 f.

3.2 Dienstenachfrager

3.2.1 Rolle

Der durchschnittliche Bankkunde ist in bezug auf den Zahlungsverkehr zunehmend preisempfindlich und damit einhergehend reagiert er auf Preisdifferenzierungen für Kontoführungs- und Zahlungsverkehrsleistungen. [101] Aus diesem Grund sind die Kunden zunehmend an einer erhöhten Markttransparenz in diesem Bereich interessiert.

Hinzu kommt, daß eine zunehmende Höherbewertung der freien Zeit festzustellen ist und die mit „Cocooning" bezeichnet Tendenz, sich stärker in die eigenen vier Wände zurückzuziehen. [102]

Eine wachsende Anzahl von Bankkunden verfügt zudem über Erfahrung im Umgang mit Computern. Hier handelt es sich vorwiegend um jüngere Kunden, die den Computer als selbstverständliches Kommunikationsmittel ansehen und zudem all diejenigen, die im Berufsleben Erfahrungen mit moderne Kommunikationsmittel gemacht haben. [103]

Die Bankkunden können also als zunehmend bequemlichkeitsorientiert, preissensibel und technikaufgeschlossen qualifiziert werden.

3.2.2 Ziele

Aus den im vorigen Abschnitt konstatierten Tendenzen im Verhalten der Bankkunden, können folgende grundsätzliche Ziele für die Abwicklung von Bankgeschäften abgeleitet werden: Im Vergleich zu den anderen Vetriebswegen eine zum einen höhere Verfügbarkeit, sowohl was die „Öffnungszeiten" betrifft, als auch was die Geschwindigkeit der Leistungserstellung betrifft, um dem Wunsch nach mehr Flexibilität zu entsprechen. Dann ein möglichst breites Leistungsspektrum, damit keine oder nur wenige Besuche in einer Filiale notwendig sind, um dem Wunsch nach Bequemlichkeit gerecht zu werden und günstige Kosten, um der gestiegenen Preissensibilität genüge zu tun. Diese Ziel der Kunden können in die folgende Präferenzfolge gebracht werden:

1. Bequemlichkeit

2. Service unabhängig von Öffnungszeiten

---

[101] Vgl. Oehler 1990, S. 6

[102] Vgl. Bourgon (1995), S. 9

[103] Schneider (1996), S. B4

3. Preisvorteile[104]

Besonders wichtig ist dabei die Unterstützung des Zahlungsverkehrs, des Sparen und der Geldanlage, sowie des Wertpapiergeschäfts.[105]

Online-Banking hat also dann gute Erfolgschancen, wenn es in der Lage ist, die Erreichung dieser Ziele zu gewährleisten.

3.2.3 Anforderungen

Ebenso wie für die Banken, stellt auch für die Kunden die Sicherheit einen zentralen Aspekt dar.[106] Desweiteren stellen sie verschiedene Nutzen- bzw. Wirtschaftlichkeitsanforderungen:

- Möglichst niedrige Investitions- und Betriebskosten,

- Vorteilhafte Preisgestaltung und

- einen größeren Nutzen gegenüber bestehenden Möglichkeiten, z. B. durch eine höhere Verfügbarkeit.[107]

Die Anforderungen der Kunden sind also im wesentlichen: Sicherheit, Verfügbarkeit und vorteilhafte Preisstruktur.

3.3 Betreiber

Online-Dienste können in kommerzielle Online-Dienste und das Internet unterschieden werden. Dabei liegt der Unterschied darin, daß hinter den kommerziellen Online-Diensten ein erwerbswirtschaftlich ausgerichteter Betreiber steht, das Internet aber von einer Vielzahl kommerzieller und nichtkommerzieller Organisationen getragen wird. Die Aufgaben eines Betreibers werden durch die sogenannten Internet Service Provider (ISP) - bzw. abkürzend nur Provider - übernommen.[108]

Die einzelnen Betreiber und ihre Dienste werden unter 6.3.1 ausführlicher dargestellt.

---

[104] Vgl. für die Aufzählung Holtrop (1996), S. B 6

[105] Vgl. Holtrop (1996), S. B 6

[106] Vgl. Straub (1990), S. 178

[107] Vgl. für die Aufzählung Dratva (1995), S. 135

[108] Vgl. Zimmermann (1995), S. 337 f. und Schneider (1995), S. 266

3.3.1 Rolle

Leistungen

Der Tätigkeitsbereich der Betreiber kommerzieller Online-Dienste ist von dem der einzelnen Internet-Provider, die auch kommerziell sein können, verschieden:

Die Aufgaben der Internet-Provider ist es, ihren Kunden den Zugang zum Internet zu ermöglichen. Also ihnen eine Adresse zuzuweisen, über die sie E-Mails empfangen können und alle oder einige Internet-Dienste für sie verfügbar zu machen. Dafür halten die Internet-Provider eine eigene Netzinfrastruktur vor, die mit dem Internet verbunden ist.[109]

Die Aufgaben der Betreiber kommerzieller Netze sind weitergehend: Sie verwalten ein eigenes flächendeckendes Netzwerk und halten die dafür notwendige Netzinfrastruktur vor. Dafür bestehen verschiedene Möglichkeiten, die für die einzelnen Anbieter unter 6.3.1 näher dargestellt werden. Die Betreiber kommerzieller Online-Dienste sind für ihre Kunden aber nicht nur „infrastructure provider", sondern sie stellen auch Informationen zur Verfügung und sind somit auch „content provider". Weiterhin sind sie bemüht, externe Diensteanbieter wie z. B. Banken als „content provider" in ihren Online-Dienst einzubinden. Die meisten kommerziellen Online-Dienste sind außerdem Internet-Provider.[110]

Situation

Im letzten Jahr kamen zu den etablierten kommerziellen Anbietern T-Online und CompuServe neue Dienste hinzu: America Online (AOL), der nur in Deutschland neu ist, EuropeOnline und das Microsoft Network (MSN).[111] Außerdem gewinnt das Internet in zunehmendem Maß an Bedeutung. Für die schon längere Zeit existierenden Online-Dienst ist die Entwicklung ihrer Kundenzahlen in Abbildung 5 dargestellt.

---

[109] Vgl. Schneider (1995), S. 267

[110] Vgl. Steinbach (1995), S. 287 und Zimmermann (1995), S. 334 ff.

[111] Vgl. Zimmermann (1995), S. 336 f.

Jahr	1990	1991	1992	1993	1994	1995
CompuServe	0,74	0,90	1,13	1,60	2,40	3,80
AOL	0,11	0,16	0,20	0,53	1,50	3,80
T-Online	0,26	0,30	0,34	0,50	0,63	0,88

Abbildung 5: Kundenzahl der Online-Dienste[112]

Aus diesen Zahlen können die Wachstumsraten der einzelnen Online-Dienste ermittelt werden:

Jahre	1990-91	1991-92	1992-93	1993-94	1994-95
CompuServe	21,2%	25,6%	41,6%	50,0%	58,3%
AOL	45,5%	25,0%	165,0%	183,0%	153,3%
T-Online	15,4%	13,3%	47,06%	26,0%	36,5%

Abbildung 6: Wachstumsraten in Prozent der Online-Dienste[113]

Für das Internet kann als Wachstumsindikator die Zahl der angeschlossenen Rechner verwendet werden, diese verdoppelt sich alle 7 Monate.[114] Die hohen Wachstumsraten zeigen, daß sich die Online-Dienste zur Zeit in einer Phase sehr starken Wachstums befinden. In Europa hat der Wettbewerb zwischen ihnen durch das Engagement der vormals rein amerikanischen Dienste zugenommen und wird durch die neuen Dienste Europe Online und Microsoft Network noch weiter zunehmen.[115]

3.3.2 Ziele

Online-Banking steht für die Online-Dienste AOL, EuropeOnline, CompuServe und MSN im Mittelpunkt ihrer zukünftigen Geschäftsbemühungen.[116] Das ist darauf zurückzuführen, daß T-Online 85% ihrer neuen Kunden hauptsächlich wegen der Möglichkeit des Btx-Banking für ihren Dienst gewinnen konnte.[117]

---

[112] Quelle: o. V. (1995c), S. 70

[113] Quelle: Abbildung 5. Die Wachstumsraten in Prozent wurden auf die folgende Weise berechnet: $[(X_t-X_{t-1}):(X_{t-1})]*100$ (Vgl. Abels (1991), S. 211)

[114] Vgl. Maier/Wildberger (1995), S. 8

[115] Vgl. Zimmermann (1995), S. 337 f.

[116] Vgl. o. V. (1996d), S. 59 ff.

[117] Vgl. o. V. (1996c), S. 9

Der Hauptvorteil des Online-Banking liegt für die Betreiber in der Möglichkeit, den Kunden, die wegen der Online-Banking-Möglichkeit Mitglied in ihrem Online-Dienst werden, auch ihre anderen Leistungen zu verkaufen.[118]

Vor dem Hintergrund der zunehmenden Konkurrenz um den Online-Markt geht es nicht nur darum, grundsätzliche Nachfrage nach Online-Leistungen zu generieren, sondern auch darum das eigene Unternehmen gegenüber dem Wettbewerb zu profilieren. In diesem Zusammenhang ein attraktives Angebot auch an externen Diensteanbietern - wie Banken - wichtig.

3.3.3 Anforderungen

Die Anforderungen, die die Betreiber stellen, damit sie ihre Dienste anbieten können, können in die zwei Bereiche Telekommunikationsinfrastruktur und Hardwarevoraussetzungen unterteilt werden.

Die Betreiber greifen auf die bestehende Telekommunikationsstruktur zurück, da sich ihre Kunden im allgemeinen über die Telefonleitungen oder über ISDN in das System einwählen. Im Zusammenhang mit der Infrastruktur sind besonders die Kosten, die den Benutzern bei der Inanspruchnahme entstehen von Bedeutung, da diese Kosten den Entgelten für die Inanspruchnahme des jeweiligen Dienstes hinzugerechnet werden müssen. Diese Kosten dürfen somit nicht so hoch sein, daß sie die Kunden von der Inanspruchnahme abhalten.[119] Die Einflußmöglichkeiten der Betreiber bleiben in diesem Zusammenhang darauf beschränkt, möglichst viele Einwahlknoten in ihr Netz zur Verfügung zu stellen, so daß sich ein großer Teil der Kunden zum Ortstarif einwählen kann, oder den Kunden spezielle Telefonnummern zur Verfügung zu stellen, die einen verbilligten Zugriff ermöglichen. Weiterhin können die Betreiber durch hohe Übetragungsgeschwindigkeiten, die Telekommunikationskosten ihrer Kunden verringern helfen.[120]

Die Netzbetreiber setzen bei ihren Kunden ein gewisses Maß an vorhandener Technik beim Front-End-Gerät voraus.[121] Nur wenn es genügend potentielle Kunden gibt, die diese Anforderungen erfüllen bzw. bereit sind, die notwendige Technik anzuschaffen, können die Netzbetreiber ihre Leistungen verkaufen.

---

[118]Vgl. Mausberg (1995), S. 224

[119]Vgl. Altenhövel (1994), S. 43

[120] Wobei aufgrund der meist zeitabhängigen Vergütung den Betreibern an möglichst langen Nutzungszeiten gelegen ist.

[121] S. hierzu 4.3.2

4 Technisch-organisatorische Voraussetzungen

Nachdem im vorigen Kapitel die Beteiligten, ihre Ziele und ihre Anforderungen dargelegt worden sind, werden in diesem Kapitel die grundsätzlichen Voraussetzungen dargestellt, die von den drei Beteiligten in technischer und organisatorischer Sicht zu erfüllen sind. Zuvor ist es jedoch notwendig, das Thema Datenschutz und Datensicherheit allgemein zu behandeln und die zugehörigen Maßnahmen und Methoden zu beschreiben, da diese Fragen alle drei Beteiligten angehen.

4.1 Datenschutz und Datensicherheit

Die Bedeutung von Datensicherheit und Datenschutz ist im vorigen Kapitel bereits angesprochen worden.

Unter *Datenschutz* versteht man den Schutz von von Daten[122] und von DV-Anlagen und Programmen vor mißbräuchlicher Verwendung. Der Mißbrauch kann darin bestehen, daß Hardware oder Software unberechtigt benutzt wird, geschützte Daten eingesehen werden oder Daten oder Programme verfälscht werden.[123]

Unter *Datensicherung* wird die Sicherung der ordnungsgemäßen Abläufe im gesamten DV-Bereich, der Daten und Programme gegen Verfälschung, Verlust oder Zerstörung und der DV-Anlagen vor Beschädigung oder Zerstörung verstanden.[124]

Im weiteren geht es um die Gewährleistung von Datensicherheit und Datenschutz in Kommunikationsnetzen, wie sie den Online-Diensten zugrunde liegen.

4.1.1 Datensicherheit

Die Datensicherheit ist ein umfangreiches Problem und wird nachfolgenden so behandelt, daß zunächst die Gefahren dargelegt werden, dann die zur Abwehr entwickelten Sicherheitsdienste und die dahinterstehenden konkreten Methoden. Abschließend werden die Probleme der praktischen Umsetzung skizziert.

Gefahren

Die möglichen Angriffe können in passive und aktive Angriffe unterschieden wer

---

[122]Datenschutz i.e.S.

[123]Vgl. für beide Aufzählungen Stahlknecht (1993), S. 452

[124]Vgl. für die Aufzählung Stahlknecht (1993), S. 452

den. *Passive Angriffe* verletzen die Vertraulichkeit der Kommunikation, beschädigen oder verändern die Nachrichten aber nicht. Dennoch stellen sie gezielte Aktionen - mit dem Ziel der unerlaubten Beschaffung von Informationen - dar. Ein passiver Angreifer kann dabei die Information abhören oder eine Verkehrsflußanalyse durchführen, also feststellen wer mit wem kommuniziert.[125]

Aktive Angriffe verändern oder verfälschen die Nachrichten, den Nachrichtenstrom, die Komponenten des Nachrichtensystems oder beeinträchtigen den Betrieb der Kommunikation. Dazu bestehen die folgenden Möglichkeiten: Der Angreifer wiederholt oder verzögert eine Information, er fügt bestimmte Daten ein, modifiziert oder löscht sie, täuscht eine falsche Identität vor, benutzt fremde Betriebsmittel, leugnet die Kommunikationsbeziehung, boykottiert das Kommunikationssystem, greift gespeicherte Informationen an oder modifiziert Rechte.[126]

Die bisher geschilderten Gefahren gehen von einem bewußten Vorgehen des Angreifers aus, daneben gibt es aber auch zufällige oder unbewußt verursachte Gefährdungen, wie z. B. technisches Versagen, höhere Gewalt oder Fehlbedienung.[127]

Zur Abwehr der aktiven und passiven Angriffe wurden verschiedene Maßnahmen entwickelt, die man Sicherheitsdienste nennt:

Sicherheitsdienste

Die Sicherheitsdienste können in technische und organisatorische Sicherheitsdienste unterschieden werden.[128] Technische Sicherheitdienste sind:

- Authentifikation auf Partnerebene: Hier geht es darum, daß die Kommunikationspartner ihre Identität bekannt geben (Identifikation) und daß der Mißbrauch der Identität ausgeschlossen ist. Ziel ist es, nur berechtigten Kommunikationspartnern den Zugang zum System zu ermöglichen und innerhalb der Berechtigten einzelne unterscheiden zu können. Bei einer verbindungslosen Kommunikation bezieht sich die Authentifikation darauf, daß die Nachricht vom erwarteten Sender stammt.[129]

- Zugriffskontrolle: Dieser Sicherheitdienst soll sicherstellen, daß nicht unberechtigt Kommunikationsbeziehungen aufgebaut werden können und daß die

---

[125]Vgl. Ruland (1993), S. 19 ff.

[126]Vgl. Ruland (1993), S. 23 ff.

[127]Vgl. Meli (1995), S. 286 und Ruland (1993), S. 26

[128] Vgl. Wojcicki (1991), S. 51

[129] Vgl. Kersten (1995), S. 103 und Wojcicki (1991), S. 53 f. und S. 58

Betriebsmittel nur einem festgelegten Benutzerkreis zur Verfügung stehen. Voraussetzung ist die erfolgreiche Authentifikation.[130]

- Vertraulichkeit der Daten: Dieser Sicherheitsdienst soll verhindern, daß die Daten beim Transport über die Kommunikationssysteme abgehört werden können. Es handelt sich hier um den wichtigsten Sicherheitsdienst gegen passive Angriffe.[131]

- Integrität der Daten: Dieser Sicherheitsdienst soll sicherstellen, daß Daten nicht gelöscht, verändert, eingefügt oder wiederholt werden können.[132]

- Nichtabstreitbarkeit des Sendens und des Empfanges: Dieser Sicherheitsdienst soll sicherstellen, daß der Sender nicht bestreiten kann, daß er gesendet hat (Verbindlichkeit des Sendens) und zum anderen der Empfänger den Empfang nicht bestreiten kann (Verbindlichkeit des Empfangs).[133]

Für das Online-Banking besonders relevant sind die Authentifikation, die Integrität, die Verbindlichkeit, sowie die Vertraulichkeit.[134] Neben diesen für das Online-Banking besonders wichtigen Anforderungen, gibt es weitere wünschenswerte Anforderungen, z. B. die Verhinderung einer Verkehrsflußanalyse um die Anonymität der Kommunikationsbeziehung zu wahren. Eine anderer Weg die Anonymität zu wahren, ist die Verwendung von Pseudonymen.[135]

Als organisatorische Sicherheitsdienste hat *Wojcicki* die folgenden vorgeschlagen[136]:

- Zugangskontrolle: Der physische Zugang zum Kommunikationssystems muß unterbunden werden, soweit durch den Zugang Angriffe auf die Datensicherheit möglich werden. Es kommt hier auf den Schutz der Rechner, der Verbindungen zwischen den Rechnern, die Drucker und die Bildschirme an.[137]

---

[130] Vgl. Ruland (1993), S. 37 und Wojcicki (1991), S. 54 ff.

[131] Vgl. Ruland (1993), S. 33 f.

[132] Vgl. Wojcicki (1991), S. 58

[133] Vgl. Meli (1995), S. 282 und Wojcicki (1991), S. 58

[134] Vgl. Meli (1995), S. 296

[135] Vgl. Meli (1995), S. 298

[136] Vgl. Wojcicki (1991), S. 59

[137] Vgl. Wojcicki (1991), S. 59 und Pommerening (1991), S. 40 f.

- Rechteverwaltung: Die unterschiedlichen Rechte der Benutzer in einem Daten-kommunikationssystem müssen geeignet festgelegt, sicher verwaltet und periodisch kontrolliert werden.[138]

- Protokollierung: Die von den anderen Sicherheitsdiensten gelieferten Informationen müssen regelmäßig ausgewertet werden, damit eventuelle Versuche die Datensicherheit zu verletzen entdeckt werden.[139]

- Vertraulichkeit: Dieser organisatorische Aspekt bezeichnet den Umstand, daß zunächst festgelegt werden muß, welche Daten grundsätzlich sensitiv sind und in welchem Ausmaß sie zu schützen sind. Weil jede Datensicherung mit Aufwand verbunden ist, muß hier zwischen den Sicherheitsanforderungen und dem damit verbunden Aufwand abgewogen werden.[140]

- Vertrauenswürdiger Netzbetrieb: Das ganze Netzwerk muß im Hinblick auf die Sicherheit konzipiert sein.[141]

- Vetrauenswürdiges Personal: Hier kommt es darauf an, in den Bereichen, in denen die Sicherheit nicht über andere Dienste gewährleistet werden kann, nur entsprechend vertrauenswürdiges und geschultes Personal einzusetzen.[142]

Zur praktischen Umsetzung der technischen Sicherheitsdienste, werden die Sicherheitsmechanismen verwendet.

Sicherheitsmechanismen

- Diese Mechanismen verwenden zur Realisierung der Sicherheitsdienste mathematische Verfahren zur Verschlüsselung, sogenannte kryptographische Protokolle. Diese stellen jeweils ein praktisches Verfahren dar, das ein bestimmtes Sicherheitsproblem löst.[143]

Um diese Ziele zu erreichen, werden die Daten verschlüsselt. Bei der Verschlüsselung geht es darum, die Daten so zu transformieren, daß ein Angreifer, der die Daten - im Original oder in Kopie - in seinen Besitz bringt, nicht in der Lage ist, aus den transformierten Daten den Originaltext zu rekonstruieren. Diese Rekonstruktion (inverse Transformation) muß dem Berechtigten jedoch möglich sein.

---

[138] Vgl. Wojcicki (1991), S. 60

[139] Vgl. Kersten (1995), S. 94 f.

[140] Vgl. Wojcicki (1991), S. 61 und Pommerening (1991), S. 38 ff.

[141] Vgl. Wojcicki (1991), S. 61

[142] Vgl. Wojcicki (1991), S. 61 und Pommerening (1991), S. 38

[143] Vgl. Pommerening (1991), S. 103

Zu diesem Zweck wurden verschiedene Algorithmen entwickelt, die öffentlich bekannt sein sollten, damit eine Diskussion über ihre Stärke möglich ist.[144]

Die Verfahren gelten dann als sicher, wenn es mit den verfügbaren Ressourcen durch Anwednung der bekannten Angriffe nicht möglich ist, die Verschlüsselung mit vetretbarem Aufwand zu brechen.[145]

Die Verschlüsselung geht im allgemeinen so vor sich, daß der Originaltext (Klartext) anhand eines Schlüssels in den Schlüsseltext transformiert wird. Die Verschlüsselungsalgorithmen können danach unterschieden werden, ob derselbe Schlüssel zum Verschlüsseln und zum Entschlüsseln verwendet wird. Verfahren bei denen das der Fall ist, heißen *symmetrische Verschlüsselungsverfahren*. Verfahren bei denen zum Ver- und Entschlüsseln zwei verschiedene Schlüssel verwendet werden heißen entsprechend *asymmetrisch*.[146]

Symmetrische Verschlüsselungsverfahren

Da der Besitzer des Schlüssels bei symmetrischen Verfahren sowohl Klartext in Schlüsseltext transformieren kann, wie umgekehrt Schlüsseltext in Klartext, ist dieser Schlüssel unbedingt geheimzuhalten. Aus diesem Grund nennt man die symmetrischen Verfahren auch *Private-Key-Verfahren*. Der Schlüssel muß vor der Kommunikation über einen sicheren Kanal zwischen den Kommunikationspartnern ausgetauscht werden. Stellvertretend für diese Verfahren soll der *Data Encryption Standard-Algorithmus (DES)* näher erläutert werden. Diese Methode verwendet Substitutionen und Transpositionen (Permutationen): Bei der Substitution werden Bitgruppen durch andere Bitgruppen ersetzt und bei der Transposition wird die Reihenfolge der Bits und Bitgruppen verändert. Das Ziel ist hier zum einen, den Zusammenhang zwischen Geheimtext und Schlüssel zu verkomplizieren (Konfusion) und zum anderen, die Informationen des Klartextes über die ganze Textlänge zu verteilen (Diffusion). Die Konfusion soll verhindern, daß aufgrund der statistischen Häufigkeit einzelner Buchstaben in einem durchschnittlichen Text Rückschlüsse vom Schlüsseltext auf den Klartext gezogen werden können. Die Diffusion soll verhindern, daß aus der Struktur des Schlüsseltexts Schlüsse gezogen werden können, indem sie dafür sorgt, daß sich die Struktur des Originaltexts im Schlüsseltext nicht mehr erkennen läßt. Verschlüsselt werden jeweils 64 Bit-Blöcke unter Verwendung eines 56-Bit-Schlüssels. Der DES vollzieht 1

---

[144] Vgl. Ruland (1993), S. 40

[145] Vgl. Schaumüller-Bichl (1992); S. 65

[146] Vgl. Ruland (1993), S. 39 ff.

Durchläufe, in denen jeweils die Diffusion und die Konfusion erhöht werden. Der Unterschied der Durchläufe liegt jeweils darin, daß jeweils eine andere 48-Bit-Gruppe aus dem Schlüssel gewählt wird. Zur Entschlüsselung werden dann die Durchläufe in umgekehrter Reihenfolge abgearbeitet.[147]

Der DES wirkt nur auf Klartexte fester Länge (64 Bit). Daher werden kürzere Texte aufgefüllt und längere in Stücke der vorgeschrieben Größe zerteilt, wobei das letzte Stück bei Bedarf wieder aufgefüllt wird. Verschlüsselt wird dann Block für Block, daher spricht man auch von *Blockverschlüsselung*.[148]

Die *Vorteile* des DES liegen vor allem darin, daß es bisher noch niemand gelungen ist, seine Sicherheit ernsthaft in Frage zu stellen, sowie seiner hohen Geschwindigkeit. *Kritikpunkte* sind zum einen, daß die Schlüsselanzahl mit 2^{56} so gering ist, daß ein Durchprobieren unter Verwendung modernster Computertechnologie nicht unmöglich scheint. Für sensitive Daten, die über lange Zeit geheim bleiben sollen, sollte daher die Schlüssellänge erhöht werden. Durch die ungeschickte Wahl der Schlüssel kann die Wirksamkeit allerdings erheblich eingeschränkt werden. Unter Beachtung dieser Einschränkungen gilt der DES im Rahmen seiner Zielsetzung sensitive, aber nicht hochgeheime Daten zu sichern auch heute noch als sicher. Allerdings verursachen symmetrischen Verschlüsselungsverfahren bei vielfältigen Kommunikationsbeziehungen einen hohen Aufwand, da bei N Kommunikationsteilnehmern N(N-1)/2 geheimzuhaltende Schlüssel notwendig sind.[149]

Asymmetrische Verschlüsselungsverfahren

Zur Vermeidung der Nachteile der symmetrischen Verfahren (geheime Schlüsselverwaltung, quadratisch wachsende Schlüsselanzahl) wurde das Verfahren der Verschlüsselung mit öffentlichen Schlüsseln entwickelt. Bei diesem Verfahren hat jeder Kommunikationsteilnehmer zwei Schlüssel, einen geheimen und einen öffentlichen. Somit ist keine geheime Schlüsselübermittlung notwendig und Kommunikationsbeziehungen können spontan aufgebaut werden. Zudem sind bei N Teilnehmern nur N Schlüssel zu verwalten. Dadurch wird das Problem der Schlüsselverwaltung aber nicht gelöst, sondern tritt in veränderter Form in Erscheinung: Es muß sichergestellt sein, daß der öffentliche Schlüssel nicht von einem Angreifer unter falschen Namen veröffentlicht worden ist. Hier bietet sich

---

[147]Vgl. Ruland (1993), S. 42 ff. ; Pommerening 1991, S. 145 f. und Schneier (1996), S. 237

[148]Vgl. Pommerening (1991), S. 153

[149]Vgl. Pommerening (1991), S. 152 ff. und S. 145 und Schneier (1996), S. 279 und S. 278 ff.

die Einschaltung einer Zertifizierungsinstanz an, die die Echtheit des Schlüssels garantiert.[150]

An asymmetrische Verschlüsselungsverfahren sind die folgenden Anforderungen zu stellen:

1. Der geheime Schlüssel darf nicht aus dem öffentlichen bestimmbar sein.

2. Das Verfahren muß einem Angriff mit ausgewähltem Klartext widerstehen, da der Angreifer ja selber beliebigen Klartext verschlüsseln kann.

Wenn diese beiden Bedingungen erfüllt sind, kann ein Schlüssel öffentlich bekannt gemacht werden. Daher nennt man diese Verfahren auch *Public-Key-Verfahren.* Vom Grundsatz her kann der geheime Schlüssel zwar immer aus dem öffentlichen abgeleitet werden, das kann aber durch die Wahl eines geeigneten Verschlüsselungsalgorithmus sehr schwierig gestaltet werden.[151]

Stellvertretend soll hier der Algorithmus von River, Shamir und Adleman *(RSA-Algorithmus)* näher erläutert werden:

Die mathematische Transformation E, die den Klartext M in den Schlüsseltext C überführt, lautet:

$$C=E(M)=M^e \bmod n$$

Die Transformation, die aus Schlüsseltext C wieder den Klartext M herstellt lautet:

$$M=D(C)=C^d \bmod n$$

In diesem System wird M durch eine positive Integerzahl zwischen 0 und n-1 repräsentiert. Daher müssen Nachrichten, die in ihrer numerischen Darstellung größer sind als n-1 - analog zum DES - in Blöcke aufgeteilt werden. Der *öffentliche Schlüssel* ist (e, n) und der *geheime Schlüssel* ist (d, n). Die Schwierigkeit beim RSA ist es, die sehr große zufällige Zahl n zu ermitteln. Für diese soll gelten:

$$n=p*q,$$

wobei p und q jeweils Primzahlen sind. Daraus wird

$$\varphi(n)=(p-1)(q-1)$$

---

[150] Vgl. Pommerening (1991), S. 179 und Schneier (1996), S. 185 f.

[151] Vgl. für die Aufzählung und den Absatz Pommerening (1991), S. 157 f. und Ruland (1993), S. 74

berechnet. Nach der Ermittlung wird d zufällig so gewählt, daß es zu φ(n) teiler-fremd ist. Unter Zuhilfenahme des Satzes von Euklid wird dann e als Inverses[152] von d gebildet.[153]

Damit das RSA-Verfahren den Anforderungen genügt, sind die folgenden Fragen zu klären:

- Wie kann man den geheimen Schlüssel aus dem öffentlichen herleiten, und

- kann man einen Geheimtext dechiffrieren, ohne den Schlüssel zu kennen?

Die erste Frage ist dahingehend zu beantworten, daß man, wenn es gelingt, n zu faktorisieren, den geheimen Schlüssel genauso berechnen kann, wie der Besitzer bei der Generierung. Die Sicherheit des RSA-Verfahrens beruht praktisch auf der Schwierigkeit, eine große natürliche Zahl zu faktorisieren, d. h. alle Primzahlen zu finden, durch die sich eine Zahl ohne Rest teilen läßt. Mathematisch ist nicht be-wiesen, daß die Sicherheit des RSA nicht auf andere Art in Frage gestellt werden kann, aber es ist bisher noch kein solches Verfahren bekannt geworden.[154]

Für die zweite Frage gilt, daß bei sorgfältiger Anwendung das RSA-Verfahren auch gegen Angriffe dieser Art schützt.[155]

Praktische Umsetzung

Die Kenntnis der Verschlüsselungsverfahren allein löst das Sicherheitsproblem noch nicht. Bei der praktischen Umsetzung gilt es sich vor allem darüber klar zu werden, wie und wann man am besten verschlüsselt. In Netzen kann wie folgt ver-schlüsselt werden:

- Der Anwender verschlüsselt seine Daten eigenverantwortlich, bzw. verwendet ein Anwendungsprogramm, das dies für ihn erledigt.

- Der Betreiber des Kommunikationsnetzes verschlüsselt die Daten. [156]

Verschlüsselt der Anwender seine Daten selbst, findet eine *Endpunkt-verschlüsselung* statt, die erst beim Empfänger wieder aufgelöst wird. Bei Ver-schlüsselung durch den Betreiber ist auch eine *Verbindungsverschlüsselung* mög-lich, bei der jeder Zwischenkoten die ankommenden Daten entschlüsselt, die

---

[152]Invers bedeutet, daß d*e mod (p-1)*(q-1)=1 ist.

[153]Vgl. zum RSA: Ruland (1993), S. 81 ff. und Pommerening (1991), S. 159 ff.

[154]Vgl. Ruland (1993), S. 79 und Schneier (1996), S. 470

[155] Vgl. Pommerenig (1991), S. 159 ff. und Schneier (1996), S. 471

[156]Vgl. Pommerening (1991), S. 165 f.

Adressinformationen entnimmt, einen passenden Zwischenknoten sucht, an den er die Daten weitergeben kann und sie dann wieder verschlüsselt weiterschickt.[157]

Schlüsselverwaltung

Bei der symmetrischen Verschlüsselung besteht das Problem darin, den geheimen Schlüssel so zu übermitteln, daß nur die jeweiligen Kommunikationspartner den Schlüssel kennen. Bei den asymmetrischen Verfahren ist hingegen das Problem, daß nicht automatisch sicher ist, wer sich hinter einem öffentlich bekannt gegebenen Schlüssel verbirgt. Bei komplizierten Kommunikationsbeziehungen bietet es sich daher an, eine zuverlässige Zentralstelle, ein sog. *Key Distribution Center* einzurichten, welches die Schlüssel entwickelt und verteilt, so daß der Empfänger eines Schlüssels sicher sein kann, daß dieser authentisch ist. Das könnte wie folgt vor sich gehen:

1. Die Zentrale bestimmt für jeden Teilnehmer einen Hauptschlüssel, den sie ihm auf einem sicheren Kommunikationskanal übermittelt.

2. Wollen nun zwei Teilnehmer miteinander kommunizieren, beantragen sie bei der Zentrale einen Einmalschlüssel, den diese an beide jeweils mit ihrem Hauptschlüssel verschlüsselt übermittelt.[158]

Dieses Vorgehen ist aus Datenschutzgründen nicht unproblematisch, da die Zentralstelle nicht nur weiß, wer mit wem kommuniziert, sondern auch über die Schlüssel verfügt.[159]

Zur Absicherung der öffentlichen Schlüssel ist das *Zertifikat* einer zentralen Stelle eine geeignete Methode. Diese signiert[160] den öffentlichen Schlüssel eines Benutzers, der sich ihr gegenüber entsprechend ausgewiesen hat, mit ihrem eigenen geheimen Schlüssel. Die Zentrale selber ist durch ihre allgemeine Bekanntheit autorisiert[161] und spielt somit eine Rolle, die der eines Notars vergleichbar ist.[162]

---

[157]Vgl. Pommerening (1991), S. 166

[158] Vgl. Schneier (1996), S. 43 und Pommerening (1991), S. 179

[159]Vgl. Pommerening (1991), S. 179

[160] Die digitale Unterschrift wird im nächsten Abschnitt behandelt.

[161]Das könnte z. B. eine Bank sein.

[162]Vgl. Pommerening (1991), S. 179

4.1.2 Spezialfall Digitale Unterschrift

Im folgenden soll eine für die Sicherheit besonders relevante Anwendung der asymmetrischen Verschlüsselung beschrieben werden: die digitale Unterschrift. Die digitale Unterschrift soll die Funktionen der eigenhändigen Unterschrift übernehmen. Der eigenhändigen Unterschrift werden juristisch die fünf folgenden Eigenschaften zuerkannt: Abschlußfunktion, Identitätsfunktion, Echtheitsfunktion, Warnfunktion und Beweisfunktion.[163]

Für die *praktischen Umsetzung* einer digitalen Unterschrift bedeutet das:

- Nur der Eigner kann sie erzeugen,

- jeder kann sie auf Echtheit überprüfen und

- sie sichert die Authentizität eine Schriftstücks auch im Fall eines Rechtsstreits.[164]

Zur Lösung dieses Problems haben Diffie und Hellman das folgende Verfahren vorgeschlagen, das auf der Anwendung des Publik-Key-Verfahrens beruht:

1. Der Sender verschlüsselt seine Nachricht mit seinem geheimen Schlüssel und

2. sendet den Schlüsseltext.

3. Jetzt kann der Empfänger oder jeder andere den Schlüsseltext durch Anwendung des öffentlichen Schlüssels des Senders verifizieren. Wenn die Entschlüsselung einen sinnvollen Text ergibt, ist die Nachricht wirklich vom Sender.

4. Damit der Empfänger beweisen kann, daß er die Nachricht auch wirklich vom Sender bekommen hat und sie nicht etwa selber erzeugt hat, muß er neben dem Klartext auch den Schlüsseltext (den ja nur der Sender erzeugen kann) aufbewahren.[165]

Besteht zusätzlich zur Authentifizierung noch Geheimhaltungsbedarf, wendet der Sender nach der Verschlüsselung des Klartextes durch seinen geheimen Schlüssel noch den öffentlichen Schlüssel des Empfängers an. Der Empfänger entschlüsselt dann wiederum den Text zunächst mit seinem geheimen Schlüssel - bewahrt dieses Ergebnis wieder auf - und wendet dann den öffentlichen Schlüssel des Senders an.[166]

---

[163]Vgl. Grimm (1994), S. 125 f.

[164]Vgl. Pommerening (1991), S. 169

[165]Die für das Verfahren Pommerening (1991), S. 169

[166]Vgl. Pommerening (1991), S. 169

Folgende Probleme bleiben bestehen:

- Der öffentliche Schlüssel des Senders könnte in Wirklichkeit von jemand anderem veröffentlicht worden sein.

- Der Schlüssel des Senders könnte bereits kompromittiert sein, oder der

- Sender könnte dies behaupten, um die Verantwortung von sich zu weisen.[167]

Das erste Problem kann durch eine Zertifizierungsinstanz gelöst werden. Die anderen beiden Probleme können durch organisatorische Maßnahmen angegangen werden, z. B. unverzügliche Meldepflicht eines kompromittierten Schlüssels.

4.1.3 Datenschutz

Für die Kreditinstitute in der Bundesrepublik Deutschland sind im Zusammenhang mit dem Datenschutz zum einen das Bundesdatenschutzgesetz zu erwähnen und zum anderen das Bank- bzw. Amtsgeheimnis.

Bundesdatenschutzgesetz

Im Bundesdatenschutzgesetz (BDSG) gelten unterschiedliche Bestimmungen für die öffentlichen Stellen, öffentlich-rechtliche Wettbewerbsunternehmen und nicht-öffentliche Stellen. Das ist von Bedeutung für das Online-Banking, da die Sparkassen öffentlich-rechtliche Stellen sind. Soweit sie aber am Wettbewerb teilnehmen, werden sie aus Wettbewerbgründen in den meisten Bundesländern vollständig oder teilweise wie private Unternehmen behandelt. Private Kreditinstitute werden durch die nach Landesrecht zuständige Datenschutzaufsichtsbehörde kontrolliert. Die Kontrollbefugnisse dieser Behörde hängen davon ab, ob die Kreditinstitute die Daten für eigene Zwecke, oder im Drittauftrag verarbeiten. Im ersten Fall - der für diese Arbeit unterstellt werden soll - besteht nur eine *Anlaßaufsicht*, d. h. die Behörde darf nur im Einzelfall aufgrund von Hinweisen, daß gegen Datenschutzbestimmungen verstoßen wurde, aktiv werden.[168]

> „Zweck dieses Gesetzes ist es, den einzelnen davor zu schützen, daß er durch den Umgang mit seinen personenbezogenen Daten in seinem Persönlichkeitsrecht beeinträchtigt wird."[169]

Das BDSG verbietet die Verarbeitung und Nutzung personenbezogener Daten grundsätzlich. Diese sind nur dann zulässig, wenn eine Rechtsvorschrift außerhalb des BDSG oder dieses selbst sie zulassen, oder der Betroffene eingewilligt hat. Für

---

[167]Vgl. Pommerening (1991), S. 169 f.

[168]Vgl. Ungnade (1991), S. 19 ff.

[169]BDSG § 1 I

die Daten aus internen Dateien, damit sind nicht-automatisierte Dateien, die nicht
übermittelt werden sollen gemeint, gelten die Regelungen über die Zulässigkeit der
Datenverarbeitung allerdings nicht.[170]

Damit dieser Datenschutz wirksam ausgestaltet wird, räumt das Gesetz den Betroffenen verschiedene Rechte ein. Im einzelnen sind das: Das Recht auf Auskunft und Ansprüche auf Berichtigung, Sperrung oder Löschung von Daten. Die datenspeichernde Stelle muß sicherstellen, daß der Betroffene von der Speicherung weiß, damit dieser seine Ansprüche auch in Anspruch nehmen kann.[171]

Bank- und Amtsgeheimnis

Unter *Bankgeheimnis* ist die Verpflichtung eines Kreditinstitutes zu verstehen, über die Konten ihrer Kunden, oder ihr sonst im Rahmen der Geschäftsbeziehung bekanntgewordene Tatsachen an Dritte keine Informationen zu geben, soweit sie nicht gesetzlich dazu verpflichtet ist, oder die Bekanntgabe durch den Vertragszweck oder den Kundenwillen gedeckt ist. Für öffentlich-rechtliche Kreditinstitute gilt das *Amtsgeheimnis*, das aber weitgehend den gleichen Schutzumfang wie das Bankgeheimnis hat. Bank- und Amtsgeheimnis schränken die Weitergabe von Daten ein, unabhängig davon, ob es sich um natürliche oder juristische Personen handelt. Soweit es sich um die *interne Weitergabe* von Informationen handelt, richtet sich die Zulässigkeit der Weitergabe nach Umfang und Rahmen des Bankvertrags und evtl. nach einer Interessenabwägung. Weiterhin ist die Aufgabenstellung der betreffenden Mitarbeiter einer Bank für die interne Weitergabe von Bedeutung, so sind z. B. Informationen zur Bonitätsprüfung zulässig.[172]

Maßnahmen

In der Anlage zu § 9 Satz 1 BDSG werden zehn konkrete Maßnahmen zum Datenschutz vorgeschlagen, die auch als die „zehn Gebote des Datenschutzes"[173] bezeichnet werden. Im Einzelnen sind das die Zugangskontrolle, die Datenträgerkontrolle, die Speicherkontrolle, die Benutzerkontrolle, die Zugriffskontrolle, die Übermittlungskontrolle, die Eingabekontrolle, die Auftragskontrolle, die Transportkontrolle und die Organisationskontrolle.[174]

[170]Vgl. Ungnade (1991), S. 33 f.

[171]Vgl. Ungnade (1991), S. 52

[172]Vgl. Ungnade (1991), S. 88 ff.

[173] Vgl. Pommerening (1991), S. 22 (Im Original bereits in Anführungszeichen.)

[174] Vgl. Anlage zu § 9 Satz 1 BDSG, zitiert nach: Ungnade (1991), S. 148 f.

4.1.4 Das Konzept von David Chaum

Um die informationelle Selbstbestimmung des einzelnen Bürgers auch vor dem Hintergrund einer zunehmenden Informatisierung sicherzustellen, hat David Chaum ein Konzept entwickelt, das auf der Verschlüsselung mit öffentlichen Schlüsseln aufbaut „Die Automatisierung des Zahlungsverkehrs und anderer Verbrauchertransaktionen lassen diese Gefahren [Gemeint sind die Überwachung und das Ziehen von Rückschlüssen aus allgemeinen Geschäftsdaten.] in einem nie dagewesenen Ausmaß anwachsen."[175] In diesem Zusammenhang sieht Chaum einen Konflikt zwischen den Bedürfnissen von Organisationen, z. B. Banken, nach Sicherheit und Automatisierung auf der einen Seite und den Bedürfnissen der Bürger nach Schutz und Wahrung der Privatsphäre auf der anderen Seite.[176]

Zur Lösung dieses Konflikts hat er ein System entwickelt, in dem zur Identifikation gegenüber Organisationen jeweils unterschiedliche Kundennummern bzw. digitale Pseudonyme verwendet werden. Für einen Gelegenheitskauf würde ein Einmal-Pseudonym verwendet werden und für verschiedene Transaktionen auf Basis einer langfristigen Geschäftsbeziehung - z. B. einer Bankverbindung - würde wiederholt auf das gleiche Pseudonym zurückgegriffen.[177] Da der Bürger an der Erzeugung der Pseudonyme mitwirkt, kann er sicherstellen, daß diese nicht verknüpfbar sind. In Chaums System verwendet der Bürger dazu seinen eigenen kleinen Computer[178], das ist aber nicht zwingend erforderlich, von zu Hause funktioniert das System auch mit Personal Computern.

Zur Sicherung von Vetraulichkeit und Verbindlichkeit wird die oben erläuterte Methode der digitalen Unterschrift eingesetzt. Zur Verhinderung einer Verkehrsflußanalyse schlägt Chaum vor, daß eine Organisation, die eine Nachricht an einen bestimmten Empfänger verschicken will, diese Nachricht an alle Empfänger schickt und die Computer der Empfänger anhand der Pseudonyme die für sie bestimmte Nachricht herausfiltern. Falls eine vollständig anonyme Nachricht verschickt werden soll, bei der auch der Empfänger nicht weiß, von wem sie stammt, schlägt Chaum eine Art „elektronischen Münzwurf" vor:

Ein solcher Münzwurf basiert auf der exklusiv-oder-Operation $\oplus$[179]. Zur Erläuterung des Prinzips wird von drei Kommunikationspartnern ausgegangen, von denen A wissen will, ob B oder C etwas getan hat, aber nicht wissen soll, welcher der

---

[175]Chaum (1987), S. 262

[176]Vgl. Chaum (1987), S. 262

[177]Die digitalen Pseudonyme entsprechen den öffentlichen Schlüsseln.

[178]Chaum (1987), S. 262 ff.

[179]$\oplus$ ist definiert als $1\oplus0=0\oplus1=1$ und $0\oplus0=1\oplus1=0$

beiden es ggf. getan hat. Zunächst werfen B und C gemeinsam eine Münze und bezeichnen das Ergebnis (0 oder 1) mit k. Wer die Nachricht „Ich habe es getan" übermitteln will, sendet das Ergebnis des Münzwurfs exklusiv-oder-verknüpft mit 1 (k⊕1), der andere sendet nur das Ergebnis des Münzwurfs (k). Wenn jetzt A die beiden ihm von B und C übermittelten Werte exklusiv-oder-verknüpft, erhält er das Ergebnis 1, wenn B oder C es getan hat und 0 wenn es keiner der beiden getan hat. Er weiß nun, daß jemand es getan hat, ohne zu wissen wer.[180] In der realen Kommunikation werden die gemeinsamen Münzwürfe durch gemeinsame geheime Schlüssel der beteiligten Computer ersetzt.[181]

Voraussetzung des Verfahrens ist, daß der in Rede stehende Sachverhalt, z. B. die Begleichung einer Rechnung, bereits geschehen ist und daß A dieser Umstand bekannt ist. Um herauszufinden, ob z. B. die Rechnung überhaupt bezahlt wurde taugt das Verfahren nicht. Zudem muß die Frage auf einen konkreten Sachverhalt bezogen sein, den B oder C nur exklusiv erledigt haben können und nicht beide. Im Rahmen dieser Einschränkungen ist das Verfahren von Chaum in der Lage die Anonymität eines Senders auch gegenüber dem Empfänger zu wahren, Chaum nennt das dann „uneingeschränkte Anonymität"[182]. Allerdings ist in den allermeisten Fällen die oben beschriebene Sicherung gegen die Verknüpfung der Daten ausreichend.

Chaum schlägt darüber hinaus spezielle Verfahren für Dokumente und den Zahlungsverkehr vor. Das Verfahren zum Zahlungsverkehr wird unter 8.3 vorgestellt, die Behandlung von Dokumenten soll nicht näher erfolgen, da es nur am Rande das Thema dieser Arbeit betrifft.

Die Vorteile dieses Systems liegen für den Bürger bzw. Kunden im Schutz vor Überwachung und Kontrolle durch die Verknüpfung seiner Daten. Die beteiligten Organisationen haben den Vorteil zufriedenerer Kunden und bei der Abwicklung ihrer eigenen Geschäfte ähnliche Interessen wie die Bürger.[183]

Dieses Konzept löst also sowohl die Probleme der Datensicherheit, wie die des Datenschutzes, wobei eingeschränkt gesagt werden muß, daß die Realisierung des Systems sehr schwierig ist. Zunächst einmal verursacht die weite Streuung der Daten zur Verhinderung der Verkehrsflußanalyse einen erheblichen Datenverkehr

---

[180]Bei mehreren Kommunikationspartnern kann das Verfahren um mehrere Münzwürfe ausgedehnt werden.

[181]Vgl. für das Verfahren Chaum (1987), S. 265 f.

[182] Chaum (1987), S. 265

[183]Vgl. Chaum (1987), S. 274 ff.

im Netz und einen erheblichen Filteraufwand beim Kunden.[184] Dann sind erhebliche organisatorische Maßnahmen zu erfüllen, hier gilt das oben grundsätzlich zu asymmetrischen Verschlüsselungsverfahren gesagte. Außerdem hängt das Konzept entscheidend von der Sicherheit der eingesetzten Verschlüsselungsverfahren ab.

Als Ergebnis kann somit festgehalten werden, daß theoretisch die Verwirklichung von Datensicherheit und Datenschutz durch geeignete kryptographische Protokolle möglich ist.

4.2 Diensteanbieter

Die Voraussetzungen der Beteiligten werden getrennt nach den organisatorischen Aspekten und der notwendigen Hard- und Software untersucht.

4.2.1 Organisatorisch

Die Grundvoraussetzungen für eine Bank um Dienstleistungen in einem Online-Dienst anzubieten ist, als Anbieter Mitglied in diesem System zu sein. Soll allerdings Online-Banking angeboten werden, sind damit weitergehende Anforderungen verbunden.

Sicherheit

Im Rahmen der Sicherheit kommen auf die Bank verschiedene Anforderungen zu, je nachdem, welche Art Leistungen sie anbietet und wie groß die Anforderungen an die Sicherheit der Daten sind.

Stellt sie nur Informationen zur Verfügung, sind keine Sicherheitsanforderungen erforderlich, sind nur geringe Anforderungen notwendig. Will die Bank aber über Online-Dienste Geschäfte abwickeln, also Online-Banking anbieten, kommt es zwingend auf die Integrität, die Authentizität und die Verbindlichkeit an. Optional tritt die Vetraulichkeit hinzu.[185]

Die organisatorischen Sicherheitdienste müssen die Banken für den Teil des Kommunikationssystems erfüllen, der in ihren Verantwortungsbereich fällt. Es handelt sich hierbei zunächst um ihre eigenen Rechner, die sie gegen physischen Zugriff und mißbräuchliche Verwendung schützen muß. Dann muß die Bank als Anbieter festlegen, ob Maßnahmen zur Datensicherung wie unter 4.1 beschrieben eingesetzt werden und wenn ja in welchem Umfang.

---

[184] Vgl. Pommerening (1991), S. 182

[185] Vgl. Meli (1995), S. 291

Werden zur Umsetzung der Sicherheit Verschlüsselungsverfahren oder Paßwörter verwendet, tragen die Banken zusammen mit dem Kunden die Verantwortung für die Schlüsselverwaltung, also im einzelnen für die Generierung, die Verteilung, die Installation, den Austausch und die Archivierung des Schlüssels bzw. Paßwortes. Bei der Verwendung elektronischer Unterschriften, sind die Anforderungen an das Verschlüsselungsverfahren und die Schlüsselverwaltung zu erfüllen.[186] Wie unter 4.1 dargestellt, sind über die Verschlüsselung alle Sicherheitsanforderungen erfüllbar, d. h. wenn die Banken die Verschlüsselung und die Schlüsselverwaltung geeignet organisieren, können sie zusammen mit dem Kunden für eine sichere Datenübertragung sorgen.

Den Datenschutz ihrer Kunden sicherzustellen, sind die Banken aufgrund der gesetzlichen Vorschriften des BDSG und des Bank- bzw. Amtsgeheimnisses verpflichtet. Umgesetzt werden können sie durch geeignete organisatorische Maßnahmen wie die „zehn Gebote" des Datenschutzes.

4.2.2 Hard- und Software

Will die Bank nur Informationen darstellen, braucht sie keine eigene Hard- und Software. Sie kann dann Seitenbereiche bei den jeweiligen Betreibern bzw. den Internet-Providern anmieten.[187]

Online-Banking in seiner derzeigen Ausgestaltung über Btx funktioniert allerdings so, daß die Kunden über den Online-Dienst mit dem Rechner der Bank verbunden werden.[188] Aus diesem Grund muß eine Bank, die Online-Banking anbietet, einen eigenen mult-user-fähigen Rechner betreiben, bzw. bei einem Rechenzentrum für sich betreiben lassen und diesen über eine Datenleitung mit dem Online-Dienst verbinden.[189]

Die Banken benötigen für das Online-Banking spezielle Software. Wollen die Banken dem Kunden ermöglichen, auf die Finanzsoftware externer Softwareproduzenten zurückzugreifen, muß die Bank ihre Software so gestalten, daß die Finanzsoftware automatisiert darauf zugreifen kann. Um Seiten in den T-Online Formaten CEPT oder KIT zu erstellen benötigt die Bank dafür spezielle Software, die von verschiedenen Herstellern verfügbar ist.[190]

---

[186] Vgl. Ruland (1993), S. 287 ff.

[187] Vgl. T-Online (1995), S. 2

[188] Vgl. Bartel (1995), S. 151 f.

[189] Vgl. T-Online (1995), S. 2 f.

[190] Vgl. T-Online (1995a). CEPT und KIT werden unter 6.3.1 beschrieben.

4.3 Dienstenachfrager

4.3.1 Organisatorisch

Die organisatorischen Grundvoraussetzungen für die Kunden als Dienstenachfrager, sind die Teilnahme am Online-Dienst und für das Online-Banking, der Antrag bei der Bank auf Führung des Kontos über den Online-Dienst.[191]

Zur Gewährleistung der Sicherheit kommt es für den Kunden vor allem auf die sichere Verwaltung und den sicheren Umgang mit seinen Schlüsseln an. Bei der Verwendung von Paßwörtern wird i. a. so vorgegangen, daß dem Kunden von der Bank ein Erstpaßwort zugeteilt wird, das er danach ändern kann. Hier kommt es darauf an, daß er dieses neue Paßwort geeignet wählt und verwaltet, so daß es weder zu erraten ist, noch Unbefugten zur Kenntnis gelangt. Bei dem im Btx-Banking üblichen Verfahren mit Transaktionsnummern als digitale Unterschrift zum einmaligen Gebrauch müssen diese insbesondere sicher aufbewahrt werden. Bei der Verwendung von spezieller Online-Banking-Software, die die Zugangsdaten und das Paßwort i. a. auf der Festplatte abspeichert, muß er sicherstellen, daß der Zugriff auf den Computer keinem Unbefugten möglich ist.[192]

Wird zur Kommunikation mit der Bank eine Verschlüsselung auf Anwendungsebene umgesetzt, kommen je nach Verfahren auf ihn die gleichen Aufgaben bei der Schlüsselverwaltung zu, wie auf die Banken.

In bezug auf den Datenschutz in der Kommunikation mit der Bank, sind die Einflußmöglichkeiten für den Dienstenachfrager recht gering. Nur ein Vorgehen wie das von Chaum[193] würde ihm ermöglichen, seine Daten durch eigene Maßnahmen zu schützen.

4.3.2 Hard- und Software

Die Bankkunden benötigen, um am Online-Banking teilnehmen zu können, einen PC oder vergleichbaren Computer. Alternative Endgeräte, wie Fernseher und Dekoder bei T-Online ermöglichen nur einen eingeschränkte graphische Nutzung des Online-Dienstes, reichen aber grundsätzlich zur Durchführung von Btx-Banking aus. Weiterer Vorteil eines PC ist, daß er in der Lage ist, einige Abläufe zu automatisieren. Daher ist ein PC das wesentlich geeignetere Medium für Online-Banking. Zur Zeit gehen alle Online-Dienste von einem windowsfähigen PC oder

---

[191] Vgl. o. V. (1996c), S. 10

[192] Vgl. Pommerening (1991), S. 58 und Altenhövel (1994), S. 32 f.

[193] S. 4.1.4.

einem vergleichbaren Computer aus. Dieser PC muß über ein Modem oder alternativ über eine ISDN-Karte verfügen. Soll das Modem lediglich für das Btx-
Banking verwendet werden, reicht ein langsames Modem (2.400 Baud) aus, im
Hinblick auf den graphischen KIT-Standard und die graphischen Schnittstellen der
anderen Online-Dienste ist aber ein Hochgeschwindigkeitsmodem (28.800 Baud)
empfehlenswert. Die Kunden müssen über eine ensprechende Telefon- oder ISDN-
Leitung verfügen. [194]

Als Software ist zum Online-Banking im Prinzip nur ein einfaches Terminal-
programm notwendig. Weitergehende Programme zur Kommunikation mit den
Online-Diensten unter Ausnutzung der jeweiligen graphischen Möglichkeiten werden von allen Betreibern zur Verfügung gestellt. [195]

Aus verschiedenen Gründen ist aber die Verwendung einer Software zur Finanzplanung sinnvoll: Diese Sofware - z. B. Microsoft Money oder Intuit Quicken -
ermöglicht neben der Planung der eigenen Finanzen auch die Abfrage des Btx-
Kontos und die Durchführung von Überweisungen. Vorteile bieten diese Programme dann, wenn sie ermöglichen mehre Transaktionen automatisch durchzuführen, so daß gegenüber der manuellen Durchführung Zeit und somit Geld ge-
spart wird. [196]

4.4 Betreiber

4.4.1 Organisatorisch

Für die Betreiber kommerzieller Online-Dienste gelten die organisatorischen
Sicherheitsdienste in besonderem Maß. Soweit sie die für die Datenübetragung
notwendige Infrastruktur betreiben, müssen sie sicherstellen, daß die Sicherheit
durch den physischen Zugang Unbefugter nicht gefährdet werden kann.

Im Rahmen der Rechteverwaltung sind die Betreiber dafür zuständig, daß nur
autoriserte Zugriffe auf das System erfolgen können. So führen die Betreiber im
allgemeinen bei der Einwahl eines Nutzers in das System eine Authentifikation
durch. [197] Darüber hinaus obliegt es den Betreibern, dafür Sorge zu tragen, daß ihr

---

[194] Vgl. o. V. (1996f), S. 122

[195] Vgl. Altenhövel (1994), S. 94 und

[196] Vgl. Altenhövel (1994), S. 110 f. und S. 121

[197] Vgl. Meli (1995), S. 288

System als ganzes vertrauenswürdig ist und der Mißbrauch auch durch eigene Angestellte nicht möglich ist.[198]

4.4.2 Hard- und Software

Die von den Betreibern benötigte Hard- und Software ist sehr umfangreich. Nach der unter 2.2 getroffenen Definition von Online-Diensten, zeichnen sie sich durch ihre eigene flächendeckende Netzinfrastruktur aus, die allerdings nicht bis zum Endkunden reichen muß. Die Endkunden greifen in der Regel auf die Telekommunikationsinfrastruktur eines entsprechenden Anbieters zurück und wählen sich in die Netzeinwahlknoten des Betreibers ein.[199] Die konkrete Ausgestaltung dieser Netze ist eine wettbewerbsensible Information[200], daher sollen hier nur die grundsätzlichen Konzepte für ein derartiges Netz aufgezeigt werden:

Das eine Konzept geht von einer zentralen Struktur aus. Bei dieser Variante steht die gesamte Hardware, in der die Informationen gespeichert werden, zentral an einem Ort. Ein Beispiel hierfür ist der Online-Dienst CompuServe. Um den Benutzer die Einwahl ins System zu ermöglichen sind dann lokale Einwahlpunkte Bestandteil eines solchen Netzes.[201]

Ein andere, dezentrale Struktur liegt beim Internet vor. Ausgangspunkt sind hier Lokale Netze (LAN), die das gleiche Protokoll TCP/IP zur Kommunikation benutzen. Auf diesem Wege kann letzendlich ein weltumspanndendes Netz entstehen, wenn diese Betreiber sich mit anderen Betreibern zusammenschließen und Leitungen mieten, die ihre LANs mit den anderen verbinden und sich gegenseitig die Nutzung aller Teilstrecken einräumen.[202]

Auch ein Mittelweg ist möglich, dann werden neben einem zentralen Rechner noch verschiedene regionale Rechner eingesetzt, die einen Teil der Informationen vorhalten und über die sich die Teilnehmer in das Netz einwählen, sowie die externen Rechner angebunden werden. Diese Organisation wird bei T-Online eingesetzt.[203]

Abhängig von der jeweiligen Strukur werden von den Betreibern unterschiedliche Rechner benötigt. Für die zentrale Architektur sind eine Vielzahl sehr leistungs-

---

[198] Vgl. Lauer

[199] Vgl. Zimmermann (1995), S. 324

[200] Telefonische Auskunft des AOL Pressesprechers Ingo Reese am 28.03.1996.

[201] Vgl. Zimmermann (1995), S. 333

[202] Vgl. Schneider (1995), S. 264 f. Das Internet wird unter 6.3.1 ausführlicher dargestellt.

[203] Vgl. Zimmermann (1995), S. 324 f.

fähiger Rechner und eine sehr große Speicherkapazität vorzuhalten. Ein Internet-Provider benötigt weniger Hardware, da er nur für sein LAN zuständig ist.

Die benötigte Software hängt ebenfalls von der Struktur des Online-Dienstes ab, so benötigt ein Betreiber eines Online-Dienstes mit proprietärem Protokoll spezielle Software zum Betrieb seines Systems, die er entweder selber entwickelt, oder die speziell für ihn entwickelt wird. Die Internet-Provider können hingegen auf die standardisierte Betriebssoftware zurückgreifen.[204]

---

[204] Vgl. Maier/Wildberger (1995), S. 9 f.

5 Dienstleistungen

Nachdem nun die grundsätzlichen Voraussetzungen aufgezeigt worden sind, werden in diesem Kapitel die Dienstleistungen dargestellt, die von den Diensteanbietern und den Betreibern erbracht werden. Da die Dienstenachfrager keine Dienstleistungen zur Verfügung stellen, werden sie in diesem Kapitel nicht betrachtet.

5.1 Diensteanbieter

Die Dienstleistungen der Diensteanbieter können ausgehend von Banken betrachtet und differenziert werden. Andererseits ist es auch möglich, die Leistungen der Banken aus der Perspektive einer Electronic Mall zu beurteilen, also mit stärkerer Berücksichtigung der Online-Dienste. Zuvor ist allerdings zu klären, welche Leistungen der Banken sich grundsätzlich zum Vertrieb über Online-Dienste eignen und welche Besonderheiten bei der Verwendung der Online-Dienste zur Kommunikationspolitik zu beachten sind.

5.1.1 Voraussetzungen für online-fähige Leistungen

In Anlehnung an die unter 3.1.1 getroffene Unterscheidung der Bankleistungen, wird deren Eignung in bezug auf Online-Diensten in Geschäftsabwicklung (Online-Banking) und Kommunikationspolitik getrennt untersucht, auch wenn diese im konkreten Angebot einer Bank meist nicht scharf zu trennen sind.

Online-Banking
Am Anfang der Beurteilung der Online-Fähigkeit einer Bankleistung, steht die Frage, ob die betreffende Leistung überhaupt technisch über einen Online-Dienst zu vertreiben ist. Als Beispiel kann die Bargeldzahlung dienen, die dieses Kriterium derzeit nicht erfüllt.[205] In diesem Sinn findet sich in der Literatur die Auffassung, daß über Online-Dienste grundsätzlich alle Dienstleistungen und Produkte aus dem Finanzbereich angeboten werden können, bis auf jene, denen eine physische Transaktion zugrunde liegt.[206]

---

[205]Die Möglichkeit sich das Geld von einem Geldbriefträger bringen zu lassen bleibt außen vor. (Vgl. König (1982), S. 31)

[206]Vgl. Straub (1990), S.129

Diese technische Grenze wird von *Richter* in Frage gestellt, indem er die These aufstellt, daß jede bankbetriebliche Leistung letztendlich „Information, lautend auf Geld"[207] ist. Dieser Sichtweise folgend gibt es keine technische Grenze mehr für den Vertrieb von Bankleistungen über informationsverarbeitende Systeme wie Online-Dienste. Dazu ist allerdings notwendig, daß die bisher übliche körperliche Bindung in Papier aufgegeben wird, die sich für Richter aus der Sache heraus nicht ergibt, sondern eher traditionell begründet ist.[208]

Im Ergebnis besteht somit solange eine technische Grenze für den Vertrieb von Bankleitungen über Online-Dienste, bis zur Bindung bestimmter bisher ausschließlich papiergebundener Bankprodukte wie Bargeld eine elektronische Alternative geschaffen wird.

Neben dieses technische Kriterium treten andere Kriterien, die im Charakter der jeweiligen Leistung begründet liegen. Allgemein kann man sagen, daß die Leistung in einem gewissen Maß standardisierbar sein muß und damit einhergehend, ein gewisses Maß an Erklärungsbedürftigkeit nicht übersteigen darf.[209]

Das ist auf die folgenden Gründe zurückzuführen: Die rein textuelle Darstellung von komplexen Sachverhalten kann einen sehr großen Umfang an Text notwendig machen, insbesondere dann, wenn auf etwaige individuelle Besonderheiten eingegangen werden soll, steigt der Textumfang schnell an, so daß es für den Kunden zu mühsam und zu kompliziert wird, sich über den Online-Dienst ausreichend zu informieren. Für den Bankbereich läßt sich zudem sagen, daß die Bankleistungen grundsätzlich schwierig zu visualisieren sind und daher im Online-Bereich die Darstellung hauptsächlich über Texte erfolgen muß.[210] Wenn es aber möglich wird, über Online-Dienste differenzierter Informationen zu vermitteln, als es bisher möglich ist, ggf. auch über Sprache und bewegte Bilder, nimmt diese Beschränkung ab.

Nicht zuletzt bleibt die Frage, inwieweit die Bank bereit ist, den Vertrieb der Leistungen zu automatisieren. So ist zum Beispiel die computergestützte Kreditprüfung und -vergabe bereits 1970 von einer deutschen Bank umgesetzt worden.[211] Es zeigt sich aber, daß die automatisierte Kreditvergabe bei den Banken erst in sehr wenigen Fällen zur Anwendung kommt.[212]

---

[207]Richter (1986), S. 12

[208]Vgl. Richter (1986), S. 12

[209]Vgl. König (1982), S. 31 f.

[210] Vgl. weiter unten zur Kommunikationspolitik.

[211]Vgl. Richter (1986), S. 12

[212] Vgl. hierzu den Marktvergleich unter 6.1.2.

Theoretisch sind also alle Bankleistungen für das Online-Banking geeignet, die zur Zeit bestehenden Grenzen in der Praxis können durch organisatorische Maßnahmen und technische Weiterentwicklung überwunden werden. Dennoch gilt für die Gegenwart, daß es technische Grenzen und Komplexitätsgrenzen für den Vertrieb von Bankleistungen über Online-Dienste gibt.

Kommunikationspolitik

Um die Anwendungsbereiche der Kommunikationspolitik einschätzen zu können, ist es notwendig zunächst einige Spezifika der Werbung für Banken und über Online-Dienste herauszustellen:

Definert werden kann Werbung wie folgt: „Werbung ist eine absichtliche und zwangfreie Form der Beeinflussung."[213] Im Bankenbereich ist die Werbung mit speziellen Problemen verbunden, die vor allem auf die folgenden Besonderheiten zurückgehen. Fast alle Bankleistungen sind Dienstleistungen, und Dienstleistungen sind erklärungsbedürftiger als andere Produkte. Ein weiterer Aspekt ist die auf lange Sicht angelegte Art der Kunde-Bank-Beziehung, auf die kurzfristig ausgerichtete Werbemaßnahmen keinen Einfluß nehmen können. Zudem spricht Geld nur in seltenen Fällen menschliche Bedürfnisse direkt an, sondern ist vielmehr meistens nur ein Mittel, das zum Erwerb anderer Güter verwendet wird. Im Zusammenhang mit den Universalbanken ergibt sich dazu noch das Problem der relativen Gleichartigkeit der Bankleistungen, die eine Differenzierung über die angebotenen Produkte erschwert.[214] Ganz besonders gilt, „daß das Leistungsobjekt 'Liquidität' sich von Institut zu Institut nicht unterscheidet und dementsprechend den Eindruck weitgehender Homogenität entstehen läßt."[215]

Grundsätzlich hat Werbung im Bankenbereich die folgenden Aufgaben zu erfüllen: Erstens die Erhöhung des Bekanntheitsgrades der Bankleistungen, zum zweiten die Entwicklung eines eigenen Image für das Institut und die Produkte und drittens die Schaffung von Nachfrage.[216] Besondere Bedeutung kommt in diesem Zusammenhang dem Image zu: „Die Herausstellung eines ... Image - verstanden als die Gesamtheit der bewußten und unbewußten Vorstellungen, welche bei den Kunden und darüber hinaus in der Öffentlichkeit über das betreffende Institut bestehen - beinhaltet den Versuch, trotz der geringen Unterschiede im Leistungssortiment im

---

[213]Behrens (1975), S. 4

[214]Vgl. Sandmann (1985), S. 26 f.

[215]Süchting (1992), S. 475

[216]Vgl. Sandmann (1985), S. 19

Vergleich zu Konkurrenzinstituten Präferenzen für das eigene Institut zu schaffen."[217]

Online-Dienste können von den Banken als Werbemittel[218] eingesetzt werden: *Sandmann* hält Online-Dienste (für ihn nur Btx) für ein recht wirksames Mittel der Produktwerbung im Bankenbereich, da sie zeitunabhängig sind, ständig abrufbar und leicht zu aktualisieren. Er weist allerdings auch auf Nachteile hin, zu denen er neben den Kosten vor allem zählt, daß der Kunde selbst aktiv werden muß, bevor ihn die Werbebotschaft erreicht.[219] Gerade der letzte Punkt ist von besonderer Bedeutung, da er ein Spezifikum der Werbung über Online-Dienste darstellt. Ihr Charakter ist passiv. Im Gegensatz zu Fernsehspots oder Zeitungsanzeigen, die den Kunden auch ungewollt erreichen, müssen die Angebote in Online-Diensten durch den Kunden abgerufen werden.[220] Daher ist diese Art der Werbung als alleiniges Werbeinstrument ungeeignet, es bedarf ergänzender Werbemaßnahmen in anderen Medien um auf sie aufmerksam zu machen. Darüber hinaus führt Sandmann auch die gute Eignung von Btx zur Öffentlichkeitsarbeit an und macht dies am Beispiel der Selbstdarstellung fest.[221]

Allgemeine Grundsätze zur Werbung in Online-Diensten nennen *Cook/Sellers* wie folgt: Die Verwendung von Lockangeboten[222] kann notwendig sein, um die Kunden zum Abrufen des Angebots zu bewegen, es sei denn, der Kunde befindet sich in einer Suchsituation.[223] Ein Lockangebot kann entweder im Bereich des eigenen Geschäfts liegen, oder aber unabhängig vom eigenen Geschäftsbereich so gewählt werden, daß es für die angestrebte Kundengruppe attraktiv ist.

---

[217]Süchting (1992), S. 477 und vgl. so ähnlich: Sandmann (1985), S. 19

[218]Werbemittel wird das Medium genannt, das die Verbindung zwischen Sender und Empfänger zur Übertragung der Werbebotschaft herstellt. Zu unterscheiden ist das Werbemittel vom spezifischen Werbeträger. (Vgl. Busse von Colbe et al. (1992), S. 179) D. h. der Online-Dienst ist das Werbemittel, Werbeträger ist ein im Dienst plaziertes Angebot, das die Werbung enthält, z. B. eine Btx-Seite.

[219]Vgl. Sandmann (1985), S. 209 ff.

[220]Allerdings läßt diese Betrachtung die Möglichkeit der Bandenwerbung außer Betracht, wenn auf der Seite eines Online-Angebots bestimmte Bereiche anderer Anbietern zu Werbezwecken zur Verfügung gestellt werden.

[221]Sandmann (1985), S. 211

[222]Cook/Sellers verwenden den Begriff „promotional devices" und meinen damit, neben den Informationen, die man vermitteln möchte, andere Informationen anzubieten, die den Kunden interessieren und ihn zum Abruf des Angebots motivieren.

[223]Vgl. Cook/Sellers (1995), S. 220

In diesem Fall nimmt dieser Teil des Angebots nicht mehr Bezug auf den Anbieter, sondern ist so konzipiert, daß sich die Zielgruppe, die die Bank bewerben will, dafür interessiert.[224]

Eine andere Möglichkeit die Attraktivität des eigenen Angebotes zu erhöhen ist, Querverweise (Links) auf andere Angebote aufzunehmen und somit als Einstiegspunkt für die Informationsabfrager zu dienen. Erschwert wird die Problematik dann, wenn von seiten des Werbenden gewünscht wird, daß der Kunde wiederholt auf das Angebot zugreift. Dies kann dadurch erreicht werden, daß der Anbieter sich periodisch ändernde Informationen stets aktuell zur Verfügung stellt.[225]

Vor diesem Hintergrund, wird die Begrenztheit einer bloßen Selbstdarstellung sichtbar, da diese allenfalls in der Lage ist, einen Interessenten zum einmaligen Abruf zu veranlassen.

Wie oben festgestellt, kommt es im Bankenbereich weniger auf die direkte Bewerbung der Leistungen an, sondern es kommt auf die Bewerbung der eigentlich angestrebten Güter, zu deren Beschaffung die Bankleistung Geld notwendig ist, und die Generierung eines Image an. Vor diesem Hintergrund müssen auch die Online-Dienste bewertet werden. Somit steht nicht ihre Fähigkeit zur Beschreibung der Bank und ihrer Produkte im Vordergrund, wie es häufig gesagt wird[226], sondern es kommt vor allem auf ihre Fähigkeit an, imageprägend zu wirken und ein Produkt oder ein Unternehmen einprägsam inszenieren zu können.[227] In diesem Zusammenhang gibt es zwei besonders wichtige Regeln für erfolgreiche Werbung:

- Einsatz von Bildern und

- hierarchische Informationsdarbietung. Hierarchische Informationsdarbietung bedeutet, dafür Sorge zu tragen, daß die wichtigsten Informationen auf den ersten Blick erkannt werden, um die schnelle und selektive Informationsaufnahme möglich zu machen.[228]

In diese Richtung müssen die Angebote ausgerichtet sein und dafür müssen sich die Online-Dienste eignen.

---

[224]Z. B. die Freizeithinweise der Bank24 im Internet. (URL: http://www.bank24.de)

[225]Vgl. Cook/Sellers (1995), S. 232 ff.

[226] Vgl. Sandmann (1985), S. 211 und Hafner (1984), S. 25 f.

[227]Vgl. Kroeber-Riel (1990), S. 36

[228]Vgl. für die Aufzählung: Kroeber-Riel (1990), S. 39

An dieser Stelle sind ein paar grundsätzliche Bemerkungen zu den Anwendern von Online-Diensten notwendig. In der deutschen Literatur zu Btx wird implizit von einem aktiven Informationssucher ausgegangen, der den Online-Dienst hauptsächlich wie eine Art elektronischer Verbraucherzeitschrift nutzt.[229] Auf einen solchen Informationssucher ausgerichtet, ist es sinnvoll und ausreichend im System möglichst viele bank- und produktbezogenen Informationen vorzuhalten und dafür Sorge zu tragen, daß der Abrufer sie findet. Da der Anwender zielgerichtet sucht, braucht er nicht erst zum eigenen Angebot gelockt zu werden. Hingegen scheint die - vorwiegend amerikanische - Literatur zum Internet von einem anderen Nutzertyp auszugehen und zwar von einem Nutzer der quasi im Dienst „herumstöbert"[230], diesen somit nicht unbedingt zielgerichtet nutzt, sondern auch, oder sogar primär, zur Unterhaltung verwendet.[231] Hier ergeben sich länderspezifische Unterschiede: In den USA liegt der Schwerpunkt des Nutzerinteresses eindeutig auf der Unterhaltung. In Deutschland sind beide Bereiche - Information und Unterhaltung - wichtig.[232]

Somit gilt bei der Werbung über Online-Dienste in Deutschland zu beachten, daß sie möglichst mit Grafiken gestaltet sein sollte, den selektiven Informationsabruf ermöglichen sollte und zudem einen sowohl informativen wie unterhaltenden Inhalt aufweisen sollte.

5.1.2 Aus Banksicht

Die Dienstleistungen in Online-Diensten können nach verschiedenen Kriterien unterschieden werden. Nachfolgend sollen die Ansichten von *Hafner* und *Warnecke* dargestellt werden.

Hafner differenziert nach Funktions- und Anwendungsbereichen in Vertriebsförderung und Geschäftsabwicklung:

Unter die Vertriebsförderung faßt er einerseits die Darstellung von allgemeinen Informationen und die Darstellung der Dienstleistungen und andererseits die Zurverfügungstellung individueller Informationen. Unter allgemeinen Informationen versteht er die Beschreibung des Instituts, die Darstellung des Leistungsangebots, Werbung oder ein Unterhaltungsprogramm. Unter individuelle Informationen faßt er die Information über Kontostände, individuelle Kreditangebote, Depot-

---

[229]Vgl. Meffert (1983), S. 20

[230]Vgl. zum Browsing 2.4

[231]Klute (1995a), S. 62 f.

[232]o.V. (1995a), S. 8

berechnungen und Informationen über noch ungenutzte „cross-selling"-Potentiale.[233]

Unter Geschäftsabwicklung versteht er Anwendungen, die zwischen Kunde und Bank im Dialog stattfinden. Das können die Abwicklung von Zahlungsverkehr oder Einlagengeschäft, die Abwicklungen von Kreditaufträgen oder das Übersenden von Mitteilungen sein.[234]

Die Unterteilung die Hafner - aufbauend auf die Unterscheidung in bloßen Abruf einerseits und Dialoganwendungen andererseits - trifft, erscheint nicht konsistent, denn es ist aus der Sache nicht gerechtfertigt, daß Informationen über den Kontostand zur Vertriebsförderung zählen sollen und nicht zur Geschäftsabwicklung. Diese Auskünfte können durchaus eine Marktleistung sein, die unter Umständen sogar entgeltlich sein kann. Diese Art der individuellen Information, ist also nicht vertriebsfördernd, sondern selber Gegenstand des Vertriebs. Da Hafner alles, was Informationen betrifft, unter Vertriebsförderung faßt, gibt es in seinem Schema auch keinen Platz für andere eigenständige Informationsprodukte, wie z. B. Kursanalysen. Somit erscheint dieses Schema insgesamt als ungeeignet.

Warnecke unterscheidet die Bankleistungen in einem Online-Dienst[235] in Vertriebsmittel, Dienstleistungsinstrumente und Vertriebswege. Vertriebsmittel sind in diesem Sinn diejenigen Dienste in direkter Beziehung zum anbietenden Institut, die selbst keine Bankleistung darstellen, aber den Absatz und das Image der Bank fördern. Darunter fallen die Darstellung des Institutes, die Beschreibung des Leistungsangebots und Werbemaßnahmen. Dienstleistungsinstrumente sind die Dienste, die selbst Bankleistungen darstellen - wie z. B. Kontoinformationen oder Wirtschaftsnachrichten - und über den Online-Dienst erbracht werden. Unter Vertriebsweg werden diejenigen Dienste gefaßt, die von den Banken zur Abwicklung der Bankgeschäfte genutzt werden die außerhalb des Online-Dienstes erbracht werden, z. B. die Abwicklung des Zahlungsverkehrs.[236]

An Warneckes Darstellung mißfällt die Trennung in Dienstleistungen einer Bank einerseits und die Abwicklung von Bankgeschäften andererseits, die sich aus der grundsätzlichen Unterscheidung der Bankmarktleistungen wie unter 3.1.1 beschrieben nicht ergibt.

---

[233]Vgl. Hafner (1984), S. 23. Cross-selling bedeutet, den Kunden anzusprechen und auf andere Leistungen aufmerksam zu machen. (Vgl. Süchting (1992), S. 63)

[234]Vgl. Hafner (1984), S. 23

[235]Er trifft diese Klassifizierung für Btx.

[236]Vgl. Warnecke (1983), S. 43 ff.

Es erscheint m. E. eher sinnvoll, diejenigen Anwendungen die zur Geschäftsabwicklung der Banken mit ihren eigenen Kunden zählen, von denen zu trennen,
die sie allen Systemteilnehmern zugänglich machen. Die nur den eigenen Kunden
zugänglichen Angebote sollen im weiteren als „geschlossene Angebote" bezeichnet
werden und die allen zugänglichen als „offene Angebote". Um dem unterschiedlichen Charkater solcher Angebote Rechnung zu tragen, werden die Online-Ange-
bote im folgenden zuerst nach diesem Kriterium differenziert. Diese Unterscheidung ist von Bedeutung, da man den Banken jeweils andere Ziele unterstellen
kann. Bei offenen Angeboten ist davon auszugehen, daß sie letzten Endes - evtl.
über das Image - auf Neukundenakquisition abzielen[237], daher sind diese Angebote
als Werbung zu verstehen.

Die Geschäftsabwicklung kann weiter unterschieden werden in informationsbezogene und transaktionsbezogene Geschäfte. Bei den informationsbezogenen
wird die Leistung innerhalb des Online-Dienstes erbracht, z. B. Börsenkurse. Bei
den transaktionsbezogenen werden Transaktionen außerhalb des Online-Dienstes
veranlaßt, z. B. der Zahlungsverkehr.

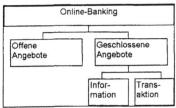

Abbildung 7: Online-Banking

Offene Angebote

Als offener Dienst können die Online-Dienste als Informationsmittel für Kunden
und Nichtkunden dienen. Hier bietet sich zum einen die Möglichkeit über das
eigene Institut zu informieren und die eigenen Leistungen zu beschreiben.[238] Bei
diesen Angeboten steht der Akquisitionsgedanke ganz eindeutig im Vordergrund.
Ein differenzierteres Bild ergibt sich bei Informationsleistungen, die dem Ab-
rufenden einen weitergehenden Nutzen bieten, z. B. Wirtschaftsnachrichten oder
Börsenkurse. In diesem Bereich eröffnen sich für die Banken umfangreiche Möglichkeiten zur Profilierung, zum Beispiel über einen lokalen Zuschnitt der In-

---

[237]Vgl. Gerckens (1982), S. 10

[238]Vgl. Hafner (1984), S. 22

formationen[239]. Diese Informationen können also durchaus als Serviceleistungen der Banken an ihre Kunden interpretiert werden, die über die reine Werbung hinausgehen. Dennoch ist davon auszugehen, daß alle Angebote, die auch Nichtkunden kostenfrei zugänglich sind, direkt oder indirekt, über ihre Wirkung auf das Image, auf Akquisitonsabsichten zurückgeführt werden können.

Geschlossene Angebote

Bei den nur einem geschlossenen Kundenkreis zugänglichen Informationen sind die individuellen von den allgemeinen zu unterscheiden. Die nicht individuell zugeschnittenen Informationen sind der Sache nach nicht von denen zu unterscheiden, die offen angeboten werden. Nur tritt hier der Akquisitionsgedanken hinter den der Serviceleistung der Bank für ihre Kunden zurück.. Das für offene Angebote gesagte gilt hier entsprechend. Individuelle Informationen können zum Beispiel sein: Kontostands- und Umsatzabfragen, Informationen über Daueraufträge und Kredite, Depotauszüge oder ein „cross-selling" mit Hinweis auf individuell noch nicht genutzte Potentiale.[240] Sie haben gemeinsam, daß sie auf die bereits bestehende Geschäftsbeziehung zwischen Kunde und Bank aufbauen.

Die transaktionsbezogenen Angebote können bezugnehmend auf die grundsätzlichen Unterscheidungen von Bankleistungen wie folgt unterschieden werden: Im Zahlungsverkehrsbereich können Überweisungen in verschiedener Form angeboten werden. Zum einen die normale Überweisung, die dem konventionellen Ausfüllen eines Überweisungsträgers entspricht. Daneben können aber auch sogenannte Terminüberweisungen angeboten werden. Bei Terminüberweisungen kann der Kunde angeben, zu welchem Datum die Bank die Überweisung ausführen soll, damit er z. B. ein Zahlungsziel voll auszunutzen kann. Weitere in diesem Bereich liegende Leistungen sind das Einrichten und Ändern von Daueraufträgen und die Leistungen um die Kontoführung herum, also die Abfrage des Kontos und des Umsatzes auf dem Konto in der zurückliegenden Periode. [241]

Im Bereich der Kredite kann dem Kunden eine Übersicht über seine in Anspruch genommenen Kredite angeboten werden und darüber hinaus kann ihm die Möglichkeit gegeben werden, einen Kredit zu beantragen. Ähnlich stellt sich die Situation im Geldanlagebereich dar: Hier kann dem Kunden die Anzeige seiner Spar-

---

[239]Vgl. Raudszus (1995), S. 46

[240]Vgl. Hafner (1984), S. 29

[241] Vgl. Altenhövel (1994), S. 21

bzw. Festgeldkonten und seine Wertpapierdepots angeboten werden, aber auch Spar- oder Festgeldeinlagen zu tätigen oder Wertpapiere zu ordern.[242]

5.1.3 Aus Electronic Mall-Sicht

In diesem Abschnitt sollen die Leistungen der Banken aus der Perspektive der Online-Dienste betrachtet werden. Bezugnehmend auf das unter 2.5 vorgestellte Modell einer Electronic Mall, bieten die Banken auf der Anwendungsplattform-Schicht und u. U. der Mehrwert-Anwendungen-Schicht Leistungen an.

Anwendungsplattform

. Die im vorigen Abschnitt erläuterten Leistungen werden von den Banken auf der Anwendungsschicht angeboten, die darunter liegenden Schichten fallen in den Aufgabenbereich der Betreiber.

In einer Electronic Mall gibt es sog. *Basisdienste*, die aus der Sicht des Kunden genau eine Funktion erfüllen, z. B. Abfrage des Kontostandes oder Durchführung einer Überweisung. Das Online-Banking-Angebot ist dann die Summe aller Basisdienste.[243]

Technisch können alle Online-Dienstleistungen der Banken in das unter 2.4 vorgestellte System elektronischer Informationsdienste integriert werden:

So sind die oben als offene Angebote bezeichneten Leistungen „Information on stock" der Beziehung (1:n). Die geschlossenen Leistungen, die auf der Geschäftsbeziehung zwischen Kunden und Bank aufbauen, entsprechen einer Beziehung (1:1), je nach konkreter Leistung „on specific demand", „on delivery" oder „on stock"[244]. Wenn man der These Richters folgend alle Bankleistung als „Information, lautend auf Geld"[245] auffaßt, können in diesem Schema alle Bankleistungen erfaßt werden. Dieser technische Aspekt zeigt, daß Bankleistungen in einem Online-Dienst nichts besonderes sind, sondern aus dieser Sicht lediglich Informationsdienstleistungen.

Mehrwert-Anwendungen

Für die Banken besteht auch die Möglichkeit, Mehrwert-Anwendungen zu erbringen. Diese können wie oben unter 2.5 gesagt, zum einen an der Benutzerschnittstelle erbracht werden. Die Benutzerschnittstelle ermöglicht dann nicht nur die Inanspruchnahme der Basisdienste, sondern kombiniert diese, so daß über den

---

[242] Meyer zu Selhausen (1992), S. 864

[243] Vgl. Zimmermann/Kuhn (1995), S: 72 f.

[244] Vgl. unter 2.4

[245] Die These ist unter 5.1.1 näher dargestellt..

Nutzen der Basisdienste für den Kunden ein Mehrwert entsteht, z. B. indem sie seine persönliche Finanzplanung unterstützt. Solche Software kann dem Kunden von der Bank als Eigenentwicklung zur Verfügung gestellt werden oder als Produkt externer Sofwarehäuser durch die Bank vermittelt werden. Die Vorteilhaftigkeit solcher Software für den Kunden wurde unter 4.3.2 bereits angesprochen.[246]

5.2 Betreiber

Anhand des in 2.5 eingeführten Schichtenmodells für eine Electronic Mall bestehen für die Online-Dienste Anknüpfungsmöglichkeiten auf den ersten beiden Ebenen. Nachfolgend werden die Dienste der Kommunikations- und die der Netzdiensteplattform dargestellt. Die einzelnen Dienste der Netzdiensteplattform werden in Message Handling Systems, Forum-Dienste und Gateway-Dienste getrennt behandelt.

5.2.1 Kommunikationsnetze

Qualitätsmerkmale von Kommunikationsnetzen sind die Störsicherheit, die technische Leistung (in Form von Nachrichtenlaufzeiten, der Sende- und Empfangsbitrate und dem Datendurchsatz) und die Datensicherheit.[247]

Diese Kommunikationsnetze zu betreiben ist Aufgabe der Betreiber. Die technische Ausgestaltung solcher Netze kann sehr unterschiedlich sein und ist nicht Gegenstand dieser Arbeit, die sich schwerpunktmäßig mit dem Zusammenwirken von Banken und Online-Diensten beschäftigt.[248] Hier genügt es, daß es im Rahmen dieser Schicht die Aufgabe des Betreibers ist, Funktionalitäten zum Austausch von Daten zwischen Teilnehmern eines Systems zu ermöglichen.[249]

5.2.2 Message Handling System (MHS)

Im Rahmen des Message Handling ist es die Aufgabe des Betreibers, Nachrichten zwischen den Kommunikationspartnern zu übermitteln, wobei nicht notwendig ist, zwischen Sender und Empfänger eine synchrone Kommunikationsverbindung aufzubauen.[250] Die übermittelten Nachrichten können wie folgt unterschieden werden:

---

[246] Vgl. Zimmermann/Kuhn (1995), S. 73 ff.

[247] Vgl. für die Aufzählung Lockemann et al. (1993), S. 53 ff.

[248] S. für die technische Seite eines Netzwerks Tanenbaum (1989), S. 6 ff.

[249] Vgl. Zimmermann/Kuhn (1995), S. 55

[250] Den asynchronen Nachrichtenaustausch bezeichnet man als „store-and-forward". (Vgl. Tanenbaum (1989), S. 7)

- Interpersonal Mail-Objekte: Soweit die Nachrichten zwischen Personen innerhalb desselben Kommunikationssystems ausgetauscht werden, sollen sie im
weiteren als *E-Mail* bezeichnet werden, um sie dadurch von den Nachrichten
abzugrenzen, die über andere Medien ausgeben werden.[251]

- EDI-Messages: Unter Electronic Data Interchange (EDI) wird der voll-
automatische Austausch strukturierter Daten zwischen Kommunikations-
applikationen durch elektronische Datenübetragung verstanden.[252]

Konkret angewendet auf das Online-Banking bedeutet MHS, die Übermittlung von
Nachrichten zwischen den Teilnehmern des Systems, also Kunde und Bank. Die
Interpersonal Mail-Objekte sind also im Prinzip mit der papiergebundenen Kommunikation vergleichbar, wenn z. B. der Kunde schriftlich neue Schecks oder ähn-
liches anfordert. Eine andere Ebene ist bei den EDI-Messages erreicht, da sie von
den Empfängern - also zum Beispiel einer Bank - automatisch verarbeitet werden
können.

5.2.3 Forum-Dienste

Diese können in den Ausprägungen Lagerung von Informationsobjekten, Vermittlung von Informationsobjekten, Vermittlung von Problemlösungen und Vorhalten eines Verzeichnissystems vorkommen:

Lagerung von Informationsobjekten

In diesem Fall übernimmt der Betreiber für den Dienstanbieter die Lagerung von
Informationen, d.h er speichert sie und ermöglicht den Zugriff für Interessierte.
Dieser Fall tritt z. B. dann auf, wenn Banken Seitenbereiche im Btx-System mieten,
in denen für sie Informationen gespeichert werden, die die Nutzer abrufen kön-
nen.[253] Im Gegensatz zur Anbindung eines eigenen Bankrechners speichert dann
die Telekom die Informationen in ihren Rechnern. Je nachdem ob der Online-
Dienst auch für die Aktualisierung der Daten zuständig ist, kann von einer *aktiven
Rolle*, bzw. im umgekehrten Fall von einer *passiven Rolle* gesprochen werden.[254]

---

[251] So gibt es innerhalb von T-Online die Möglichkeit der Elektronischen Post, bei der eine im
Netz geschriebene Nachricht von der Post als Anbieter dieses Dienstes ausgedruckt und auf
dem Postweg überbracht wird. (Knut (1994), S. 64)

[252] Vgl. zu EDI Georg/Gruber (1995), S. 17, vgl. für die Aufzählung Dratva (1995), S. 60 ff.

[253] Vgl. T-Online (1995), S. 2

[254] Vgl. Zimmermann/Kuhn (1995), S. 65

Vermittlung von Informationen

Wenn im obigen Beispiel die Informationen im bankeigenen Computer gespeichert werden, kann der Online-Dienst die Aufgabe übernehmen, eine *Referenzliste* zu führen. D. h. ein Nachfrager der sich für eine bestimmte Information interessiert, wird durch den Online-Dienst an einen Anbieter (hier die Bank) vermittelt. Weitergehend ist es auch denkbar, daß der Online-Dienst dem Nachfrager die Information gleich beschafft, d. h. er tritt mit dem Anbieter in Kontakt und bezieht von diesem die Information, die er dann dem Kunden zustellt. Hierbei muß der Nachfrager dann nicht mehr selber mit dem Anbieter in Kontakt treten, wie bei der bloßen Vermittlung durch den Online-Dienst.[255]

Vermittlung von Problemlösungen

Hier geht es im wesentlichen um intelligente Software.Agenten, die den Nutzer bei der Informationssuche unterstüzen. Die Idee hinter einem Agenten ist die, daß der Kunde nicht selber nach einer bestimmten Information suchen muß, sondern dem Agenten eine - möglichst in natürlicher Sprache formulierte - Frage stellt, die dieser interpretiert und dem Kunden dann entsprechende Informationen selbsttätig besorgt. Obwohl die Verwirklichung dieses Konzepts noch in den Anfängen steckt, wird für die Agenten allgemein eine zukünftig bedeutende Rolle bei der Informationsvermittlung erwartet.[256]

Verzeichnissystem

Für alle oben stehenden Funktionen eines Forum-Dienstes sind Verzeichnissysteme notwendig, die je nach Art des Angebots unterschiedliche Inhalte haben. In einigen Fällen ist es ausreichend Informationen darüber vorzuhalten, wie die einzelnen Angebote erreicht werden können. Wenn vom Betreiber aber weitergehende Leistungen übernommen werden, wie z. B. das Inkasso für die Anbieter, müssen auch hierüber Verzeichnisse geführt werden.[257]

5.2.4 Gateway-Dienste

Aufgabe der Gateway-Dienste ist es, die Kommunikation zwischen verschiedenen Rechnern innerhalb des Systems möglich zu machen. Z. B. die Verbindung des

[255]Vgl. Zimmermann/Kuhn (1995), S. 65 f.
[256]Vgl. Zimmermann/Kuhn (1995), S. 67 und S. 75
[257]Vgl. Zimmermann/Kuhn (1995), S. 67 f.

Kunden-PC mit dem Rechner der Bank. Es geht in diesem Fall darum, zwischen den beiden Rechnern eine synchrone 1:1-Verbindung aufzubauen.[258]

Diese Möglichkeit ist für das Online-Banking von besonder Bedeutung, da sie derzeit beim Btx-Banking zur Anwendung kommt. Im Btx-Vokabular wird der Bankrechner als Externer Rechner (ER) bezeichnet. Der Bankkunde wird über Datex-J mit dem Bankrechner verbunden und kann dort seine Bankgeschäfte tätigen.[259]

Grundsätzliche Aufgaben des Gateway-Dienstes können hierbei sein:

- Die Anpassung der Kommunikationsprotokolle zwischen unterschiedlichen Rechnersystemen.

- Aufbau einer zuverlässigen Punkt-zu-Punkt-Verbindung.

- Zusätzliche Dienste, wie z. B. eine einheitliche Benutzerschnittstelle bereitzustellen.[260]

Die Aufgaben für einen Betreiber sind also recht vielfältig und zeigen seine Bedeutung auch für das Online-Banking auf. Der Schwerpunkt für das Online-Banking in seiner heutigen Ausprägung liegt für die Betreiber im Betrieb der Kommunikationsnetze und der Zurverfügungstellung des Gateway-Dienstes.

---

[258]Vgl. Dratva (1995), S. 69 f.

[259]Vgl. Bartel (1995), S. 151

[260]Vgl. Dratva (1995), S. 70

6 Marktvergleich

Im vorstehenden Kapitel sind die Leistungen, die von Betreibern und Diensteanbietern grundsätzlich erbracht werden können beschrieben und klassifiziert worden. In diesem Kapitel werden darauf aufbauend die einzelnen Diensteanbieter und Online-Dienste im Markt näher erläutert und verglichen. Der Marktvergleich wird dabei nicht für die Betreiber, sondern für die Online-Dienste, die das am Markt angebotene Produkt der Betreiber darstellen, durchgeführt. Der Marktvergleich für die Diensteanbieter wird so durchgeführt, daß die Leistungen der Banken in T-Online und im Internet getrennt verglichen werden, um dem grundsätzlich anderen Charakter dieser Leistungen gerecht zu werden. Es zeigt sich, daß die Leistungen im Internet im wesentlichen die unter 5.1.2 als offene Leistungen bezeichneten Angebote sind, in T-Online dagegen schwerpunktmäßig geschlossene Leistungen angeboten werden.

6.1 Diensteanbieter in T-Online

Der Vergleich beschränkt sich auf einen Teil der Banken, die über T-Online Leistungen anbieten. Im Rahmen des oben erläuterten Konzentrationsverfahrens wurden die folgenden Banken für die Betrachtung gewählt:

In Anlehnung an die Struktur des deutschen Bankwesens in dem es Privatbanken, Genossenschaftliche Kreditinstitute und Öffentlich-rechtliche Kreditinstitute gibt[261], wurden zum einen die drei Großbanken Deutsche Bank, Dresdner Bank und Commerzbank als Privatbanken ausgewählt. Die genossenschaftlichen Kreditinstitute werden von drei Volksbanken aus unterschiedlichen deutschen Regionen repräsentiert: der Hamburger Bank eG, der Dortmunder Volksbank eG und der Berliner Volksbank eG. Ebenso werden die öffentlich-rechtlichen Institute von drei Sparkassen vertreten: der Stadtsparkasse München, der Stadtsparkasse Dortmund und der Sparkasse Norden. Daneben vertreten die drei Direktbanken Bank 24, ConSors und Direkt Anlage Bank diese neue Bankform. Abschließend wurden noch drei Banken ausgewählt, die sich aufgrund von besonderen Konditionen im Zahlungsverkehr - BfG, Sparda Bank - oder durch eine besonders progressive Einstellung zu Online-Diensten hervorgetan haben, wie die Postbank.

---

[261] Vgl. Stein (1995), S. 41

6.1.1 Entwicklung eines Bewertungsschemas für Online-Banking-Leistungen

Wie 5.1.3 erläutert bestehen für die Banken im Rahmen des Konzepts einer Electronic Mall verschiedene Ebenen um Leistungen zu erbringen. An dieser Stelle erfolgt eine Beschränkung auf das Online-Banking, also die Leistungen der Anwendungsschicht, da hier das Hauptanwendungsgebiet liegt. Mehrwert-Anwendungen im oben beschriebenen Sinn, z. B. über Finanzssoftware, stellen nur eine Ergänzung zum Online-Angebot dar.

Bei der Entwicklung eines Bewertungsschemas für das Online-Banking kommt es auf die beiden Bereiche Leistungen und Kosten an. Diese können jeweils noch weiter unterteilt werden. So kann man grundsätzlich folgende Kosten unterscheiden:

- transaktionsabhängige variable Kosten und

- transaktionsunabhängige Fixkosten.

Im Zahlungsverkehrsbereich sind die Fixkosten die Kosten für die Kontoführung und die variablen Kosten jene für die Einzelbuchung.[262] Der Kostenvergleich wird auf den Bereich Zahlungsverkehr/Kontoführung beschränkt, da die anderen Entgelte, z. B. die Zinsen für Kredite, derzeit nicht vom Vertriebsmedium abhängen.

Die Leistungen können grundsätzlich in informationsbezogene und transaktionsbezogene unterteilt werden. Für den Marktvergleich der Bankleistungen ist es jedoch sinnvoller eine Gruppierung vorzunehmen, die von den über die Leistungen befriedigten Bedürfnissen ausgeht[263], daher wird in die Gruppen

- Zahlungsverkehr,

- Geldanlage,

- Kredite sowie

- Informations- und Beratungsleistungen

differenziert. Diese Leistungskategorien können jeweils wieder unterteilt werden, wobei nur solche Leistungen aufgenommen wurden, die sich für den Vertrieb über T-Online grundsätzlich eignen.[264]

---

[262] Vgl. Süchting (1992), S. 455

[263] Vgl. hierzu die Ausführungen zu den Bankmarktleistungen unter 3.1.1.

[264] Vgl. die Ausführungen unter 5.1.1.

Zahlungsverkehr: - Abfrage von Kontoinformationen
- Transaktionen (Überweisung,
  Dauerauftrag, Terminüberweisung)

Geldanlage: - Abfrage von Spar- und Festgeldkonten
- Anlage auf Spar- oder Festgeldkonten

Kredite: - Information über eigene Kredite
- Antrag auf einen Kredit

Diese Bereiche haben also jeweils einen informationsbezogenen und einen transaktionsbezogenen Teil.

Beratung und Information - individuelle Beratung/Information
- Modellrechnungen
- Zinsen
- Anlagehinweise
- Immobilienangebote
- Börsenkurse
- Bausparen
- Wirtschaft[265]

Anhand dieses Schemas werden die T-Online-Angebote der Banken im folgenden verglichen.

6.1.2 Vergleich Online-Banking

Beim Vergleich der Leistungen sind die unter 3.1.2 formulierten Ziele der Banken zu berücksichtigen, die eine Rationalisierung vor allem im Bereich des Zahlungsverkehrs anstreben. Für die Kunden gilt, daß ihre häufigsten Bankgeschäfte im Bereich Bargeld und Zahlungsverkehr liegen. Daher kommt diesen Bereichen aus der Sicht von Banken und Kunden die größte Bedeutung zu. Die Durchführung von Anlagen auf Spar- und Festgeldkonten erfolgt wesentlich seltener und die Wertpapierorder wird nur für von einem kleineren Kundenkreis in Anspruch genommen. Ebenso werden Kredite im Vergleich zum Zahlungsverkehr selten in Anspruch genommen.[266]

Die Einzeldarstellung der betrachteten Banken findet sich im Anhang B. An dieser Stelle erfolgt daher eine Betrachtung nach den Leistungen, unter Bezugnahme auf die Daten der Tabelle. Die Quellen für den Marktvergleich sind bei der Tabelle im Anhang ausgewiesen.

---

[265] Vgl. o. V. (1996c), S. 12

[266] Vgl. Straub (1990), S. 298 f.

Zahlungsverkehr

Alle betrachteten Banken ermöglichen eine Überweisung über T-Online durchzuführen. Bis auf eine Direktbank (Direkt Anlage Bank) ermöglichen auch alle den Kontostand des Zahlungsverkehrskontos abzufragen. Diese Äquivalente zum Schaltergeschäft können also als Standard für das Btx-Banking bezeichnet werden. Von der spezifischen Möglichkeit der elektronischen Überweisung, der Terminüberweisung, wird hingegen deutlich weniger Gebrauch gemacht. Lediglich die Sparkasse Norden, die Dresdner Bank, die Postbank und die Spardabank bieten ihren Kunden diese Möglichkeit. Weiter verbreitet ist die Möglichkeit Daueraufträge über T-Online zu veranlassen, bis auf drei Banken bieten alle betrachteten Banken diese Möglichkeit.

Als Fazit kann daher für den Zahlungsverkehr festgehalten werden, daß die in direkter Konkurrenz zum stationären Vetrieb stehenden Leistungen bereits weitreichend für T-Online umgesetzt worden sind, die Möglichkeit einen darüberhinausgehenden Nutzen über Terminüberweisungen zu bieten jedoch weithin ungenutzt bleibt.

Geldanlage

Es zeigt sich in diesem Bereich, daß die Möglichkeit dem Kunden neben dem Zahlungsverkehrskonto auch die Abfrage seines Sparbuchs zu ermöglichen von elf der betrachteten Banken genutzt wird. Da zudem von den Banken, die diese Leistung nicht anbieten, zwei grundsätzlich keine Sparbücher anbieten, kann diese Leistung als sehr weit verbreitet bezeichnet werden. Da nur sieben Banken auch die Anlage auf dem Sparbuch über T-Online ermöglichen, wird hier eine Trennung zwischen den informations- und den transaktionsbezogenen Leistungen deutlich. Diejenigen Banken, die in bezug auf Sparbücher nur eine Leistung anbieten, ermöglichen dann nur die informationsbezogene Leistung (Hamburger Bank, Dortmunder Volksbank, Sparda Bank und Dresdner Bank).

Für Festgeld ergibt sich im wesentlichen das gleiche Bild. Lediglich bei der BfG und der Sparkasse Norden ergeben sich Unterschiede: Die Sparkasse Norden ermöglicht zusätzlich zur Abfrage auch die Anlage auf das Festgeldkonto, bei der BfG kann man das Festgeldkonto im Gegensatz zum Sparbuch abfragen.

Ein Angebot aus dem Wertpapierbereich machen nur 10 der 15 betrachteten Banken. Wobei hier wieder die Trennung in informationsbezogene und transaktionsbezogene Angebote auffällt. Sechs Banken ermöglichen sowohl Abfrage wie Order, drei Banken ermöglichen nur die Anzeige und eine Bank, die Direkt Anlage Bank, ermöglicht nur die Order.

Als Fazit läßt sich für den Geldanlagebereich festhalten, daß häufig eine Trennung zwischen dem informations- und dem transaktionsbezogenen Teil festzustellen ist.

Die Gründe hierfür liegen in der EDV-Organisation. Für den Kunden ist die Abfrage von zu Hause über T-Online wichtiger, da er einen Auftrag auch auf anderem Weg, schriftlich per Brief oder Fax, geben kann. Ein Angebot, wie das der Direkt Anlage Bank, das nur die Order ermöglicht, ist also aus Sicht des Kunden ungeeignet den Vorteil des Online-Bankings auszunutzen. Aus der Sache heraus, ist es aber ebenso unverständlich, warum Banken nur die Abfrage ermöglichen, aber nicht die Anlage, da insbesondere beim Sparbuch ein dem Zahlungsverkehrskonto vergleichbares Produkt vorliegt.

Finanzierung

Im Bereich der Ratenkredite, die durchaus auch standardisierbar sind[267], machen nur wenige Banken ein Angebot. Zwar ermöglichen acht Banken, sich Informationen zu einem in Anspruch genommenen Ratenkredit anzeigen zu lassen, aber nur bei der Sparkasse Norden und der Berliner Volksbank kann ein Kredit auch über T-Online beantragt werden. In diesem Bereich besteht also für den überwiegenden Teil der Banken im Kundeninteresse noch Handlungsbedarf.

Informationsleistungen

Als Möglichkeit zur individuellen Beratung über Informationsleistungen (1:1) wird T-Online von den Banken noch nicht genutzt. Lediglich die Möglichkeit über den T-Online-Mitteilungsdienst einen Beratungstermin zu vereinbaren, findet sich in den Angeboten. Da dies aber keine eigenständige Leistung der Banken ist, wird sie hier nicht näher betrachtet.

Von der Möglichkeit Informationen für mehrere zur Verfügung zu stellen, wird im folgenden Ausmaß Gebrauch gemacht: Informationen zur Anlage bieten elf Institute und zehn Informationen zu Zinsen. Börseninformationen haben neun Banken im Angebot und acht eine Modellrechnung. Informationen zu Wirtschaft haben noch drei Banken im Angebot und zu Bausparen und Immobilien jeweils zwei. Dieses Ergebnis, daß relativ wenig Informationen angeboten werden, ist insbesondere im Vergleich zu den Ergebnissen der Angebote im Internet unter 6.2.2 interessant, da es zeigt, daß T-Online von den Banken hauptsächlich zur Abwicklung von Bankgeschäften und weniger für die Kommunikationspolitik verwendet wird. Die Angebote zum Immobilienbereich sind auch dann gering, wenn man bedenkt, daß einige Banken in die Untersuchung eingegangen sind, die grundsätzliche keine Immobilienangebote machen, wie die Direktbanken. Hier zeigt sich eine Auswirkung der relativ geringen graphischen Darstellungsfähigkeit von T-

---

[267] Vgl. Meyer zu Selhausen (1992), S. 864

Online[268], die eine Darstellung von Immobilien wenig attraktiv macht und sich ebenfalls nicht für längere Texte eignet.

Als Fazit läßt sich für den Informationsbereich festhalten, daß die Banken von der Möglichkeit der persönlichen Ansprache kaum Gebrauch machen und insgesamt bei T-Online die Abwicklung von Transaktionen im Vordergrund steht.

Gesamtbewertung

Die T-Online-Angebote sind von den Banken sehr auf ihre eigenen Bedürfnisse zugeschnitten worden. Der Bereich des Zahlungsverkehrs kann daher bei allen Banken von zu Hause abgewickelt werden. Diejenigen Möglichkeiten, die kein so großes Einsparungspotential für die Banken beinhalten, wurden weit weniger umgesetzt. Hier ist die Frage zu stellen, inwieweit die Banken überhaupt wollen, daß die Kunden ihre Bankgeschäfte über T-Online erledigen.[269] Aus Sicht der Kunden bleibt somit zu bemängeln, daß nicht alle standardisierbaren Leistungen auch über T-Online möglich gemacht werden und die speziellen Möglichkeiten des Mediums wenig genutzt werden. Weiter wäre aus Kundensicht ein weiterreichenderes Informationsangebot wünschenswert.

Kosten

In bezug auf die Kosten können verschiedene Modelle unterschieden werden:

Bei einigen Banken ist Kontoführung und der gesamte Zahlungsverkehr kostenlos, von den betrachteten Banken sind das die Bank 24, bei einem durchschnittlichen Guthaben von 2000 DM, die Sparda Bank und die BfG. Andere Banken bieten ihren Kunden ein Servicepaket an, bei dem über eine monatliche Gebühr, alle Leistungen des Zahlungsverkehrs abgedeckt werden, z. B. bei der Bank 24 ohne durchschnittliches Guthaben von 2000 DM, der Commerzbank, der Berliner Bank und der Stadtsparkasse München. Eine dritte Gruppe von Banken berechnet den Kunden die einzelnen Überweisungen, z. B. die Dortmunder Volksbank und die Direktbanken ConSors und Direkt Anlage Bank. Einige Banken, wie die Deutsche Bank und die Dresdner Bank, bieten ihren Kunden wahlweise ein Servicepaket oder die Einzelabrechnung an. Ein eigenes Preismodell hat die Postbank, bei der Kosten nach der Anzahl der Überweisungen gestaffelt sind.

Die Grundgebühren sind bei allen Banken von der Nutzung von T-Online unabhängig, Unterschiede ergeben sich nur bei den einzelnen Buchungen. Die höchste Einsparung können die Kunden der Deutschen Bank erzielen, die 0,50 DM für eine konventionelle Buchung zahlen und nichts für eine Buchung über T-Online. Das

---

[268] T-Online wird unter 6.3.1 näher dargestellt.

[269] Insbesondere befürchten die Kreditinstitute bei einer weitgehenden Abwicklung der Geschäfte von zu Hause, daß die Kunde-Bank-Bindung geschwächt wird. (Vgl. Süchting (1992), S. 63)

billigste Angebot ist das der Banken, die keine Gebühren erheben und das unabhängig von der Verwendung von T-Online. Ein Preisvergleich gestaltet sich somit schwierig, ob die Nutzung von T-Online zum Online-Banking für die Kunden vorteilhaft ist, wird ausführlich unter 7.2 behandelt.

Ausgehend von den gleichen Preisen für die Abwicklung über T-Online und am Schalter bei der Inanspruchnahme der Servicepakete werden hier nicht genügend Anreize für die Kunden geschaffen, aus finanziellen Erwägungen ihre Bankgeschäfte über T-Online abzuwickeln. Wenn die Banken wollen, daß ihre Kunden dieses Medium nutzen, würde sich hier die Möglichkeit geben Rationalisierungseffekte über den Preis in stärkerem Maße an den Kunden weiterzugeben als dies bisher geschieht.

6.2 Diensteanbieter im Internet

Im Gegensatz zu den Banken in T-Online ist die Zahl der deutschen Banken im Internet vergleichsweise gering. Daher kann hier ein Marktvergleich auf Basis einer Vollerhebung vorgenommen werden. Als Grundlage dienen die im Internet verfügbaren Listen der Banken im Internet.[270] Allerdings wurden nur die Universalbanken einbezogen, Bausparkassen und Investmentgesellschaften bleiben außen vor.

6.2.1 Entwicklung eines Bewertungsschemas für Informationsdienstleistungen

Die Informationdienstleistungen der Banken im Internet sind bisher fast ausschließlich Werbung i. w. S.[271] Dennoch können diese Angebote nach ihrem Wert für den Kunden bewertet werden und zwar nach dem Nutzen, den der Kunde aus der Information ziehen kann und ihrem Unterhaltungswert für Browser.[272]

Die Angebote mit Nutzen für den Kunden aus dem Finanzbereich können wie folgt unterteilt werden:

1. Selbstdarstellung des Instituts: Für Kunden nützlich, die sich über die jeweilige Bank und ihre Produkte informieren wollen.

2. Finanzinformationen: Die geordnete Zurverfügungstellung von Informationen aus dem Finanzbereich, wie Kurse verschiedener Aktien.

3. Prognosen, Analyse und Bewertung der Finanzinformationen.

---

[270] Vgl. DINO (1996) und Bankseminar (1996)

[271] Die Ausnahme Stadtsparkasse Dortmund wird unten ausführlicher behandelt.

[272] Vgl. die Ausführungen zum Browsing unter 2.4.

Nach *Claassen et al.* können diese Information nach ihrer Wertigkeit so unterschieden werden, daß der Wert von oben nach unten zunimmt.[273] Daneben sind für Browser die Angebote, die Informationen aus anderen Bereichen zur Verfügung stellen und somit Lockangebote im unter 3.1.1 beschriebenen Sinn sind, interessant.

Darauf aufbauend werden zur Bewertung der Angebote im Internet die folgenden Kategorien verwendet:

- Selbstdarstellung: Informationen zur Bank und zu den Produkten

- Vetriebsförderung: Informationen über konkrete und aktuellen Angebote

- Finanzinformationen: Zurverfügungstellung von Daten aus dem Finanzbereich

- Prognose, Analyse und Bewertung der Finanzinformationen, über die bloße Zurverfügungstellung hinaus

- Lockangebote aus anderen Bereichen

Häufig sind in den Internet-Angeboten der Banken Stellenbeschreibungen mit der Aufforderung sich zu bewerben zu finden. Diese werden analog zur Beschreibung des eigenen Instituts und der eigenen Produkte der Selbstdarstellung zugerechnet.

Die Lockangebote aus anderen Bereichen sprengen den ordinalen Charakter der vorstehend aufgeführten Kategorien, ihr Nutzen läßt sich mit dem Schema von *Classen et al.* nicht erfassen, er ist von den subjektiven Präferenzen der Informationsabrufer abhängig. Qualität in bezug auf diese Angebote bedeutet, daß sie zum wiederholten Zugriff auf das Angebot motivieren.

Ausgehend vom passiven Charakter der Werbeangebote in Online-Diensten, ist Ziel der Angebote, möglichst häufig abgerufen zu werden. Daher sind möglichst hochwertige Informationen und über lange Zeit attraktive Lockangebote Voraussetzung eines guten Angebots. Ausgehend unter 5.1.1 formulierten Werbezielen einer Bank, die vor allem auf die Imagegenerierung abzielen, muß das Werbeangebot einer Bank hochwertig sein, wobei sich die Qualität sowohl auf den Inhalt, als auch auf die Form beziehen muß. Ein zu Werbezwecken betriebenes Online-Angebot muß somit hochwertige Inhalte aufweisen und diese graphisch gut aufbereitet präsentieren.

6.2.2 Vergleich Informationsdienstleistungen

Die Angebote der einzelnen Banken werden im Anhang C explizit dargestellt und kurz kommentiert. An dieser Stelle werden allgemeine Tendenzen, Stärken und

---

[273] Vgl. Claassen (1986), S. 189

Schwächen aufgezeigt. Grundlage sind die Daten der Banken wie im Anhang C ermittelt. Dort finden sich auch die Quellenangaben zu diesem Abschnitt.

Alle Banken die im WWW ein Informationsangebot anbieten, verwenden ihr Angebot zur Selbstdarstellung von Unternehmen und Produkten. Das ist sinnvoll, um denjenigen gerecht zu werden, die sich auf diesem Weg eine Marktübersicht schaffen wollen. Ausgehend davon, daß die Selbstdarstellung von allen Instituten vorgenommen wird, kann sie als Minimalangebot eines WWW-Angebots gelten. Selbst die Banken, die nur eine einzige Informationsseite im WWW plaziert haben, wie die Volksbank Greifswald eG, nutzen diesen Raum dann um sich vorzustellen. Auch Anbieter mit mehr Raum, wie die Quelle-Bank oder ConSors, bieten ausschließlich solche Informationen. Je nachdem wie aufwendig diese Selbstdarstellung gemacht ist, kann sie aber durchaus zur vorteilhaften Inszenierung der Bank dienen und Kompetenz vermitteln, wie z. B. das Angebot der Commerzbank. Allerdings ist hier auch die Möglichkeit zur Negativprofilierung gegeben, indem nämlich eine Bank durch ein schlichtes Angebot ein schlechtes Bild von sich zeichnet.

Im Sinne der 5.1.1 beschriebenen Werbeziele, kann der Selbstdarstellung somit nur der Status einer Grundvoraussetzung beigemessen werden: Ein Angebot, das nicht fehlen darf, aber allein nicht in der Lage sein wird, das Bankimage positiv zu beeinflussen. Der Nutzen der Selbstdarstellung ist auch dadurch eingeschränkt, daß sie nicht zum wiederholten Abruf motiviert.

Zum wiederholten Abruf motivieren hingegen in besonderer Weise Börsenkurse, da sie sich regelmäßig ändern. Eine Bank könnte prinzipiell ständig aktuelle Kurse präsentieren. In der Praxis wird z. B. bei der Deutschen Bank das Angebot täglich aktualisiert. Bei Informationen dieser Art kann die Bank selber beeinflussen, wie oft sie ihr Angebot aktualisiert und somit einen Anreiz zum wiederholten Abruf bieten. Allerdings ist die bloße Präsentation der Daten noch keine besonders attraktive Information, da sie auch aus anderen Medien, z. B. Videotext, zu beziehen ist. Bedacht werden muß, daß die Präsentation solcher Daten aufgrund der regelmäßigen Aktualisierungen mit einem größeren Aufwand als die Selbstdarstellung verbunden ist.

Bei der Betrachtung der Angebote der Banken zeigt sich, daß von der Möglichkeit Finanzinformationen zur Verfügung zu stellen, vergleichsweise wenig Gebrauch gemacht wird und sich viele Banken auf die Selbstdarstellung beschränken. Die Möglichkeit über solche Finanzinformationen das eigene Angebot attraktiver zu machen, werden also wenig genutzt.

Von der Möglichkeit über die Analyse und Bewertung von Wirtschaftsdaten und der Prognose von Aktienwerten hochwertige Informationen zur Verfügung zu stellen, wird noch weniger Gebrauch gemacht, lediglich Gries & Heissel und die Landesgirokasse Stuttgart haben solche Angebote im Programm. Dabei bietet sich gerade hier die Möglichkeit das eigene Institut über ein qualifiziertes Angebot zu profilieren und bekannt zu machen. Diese Möglichkeit nutzt die Privatbank Gries & Heissel in besonderem Maße. Sie stellt hochwertige und umfangreiche Informationen zur Verfügung und ihr Angebot ist zudem sehr übersichtlich aufgebaut. Hier wird von dem Vorteil der räumlichen Unabhängigkeit bei Verwendung eines Online-Dienstes Gebrauch gemacht, indem sich die Privatbank ohne Filialnetz überregional bekannt machen kann. Mit diesen Vorteilen geht der Nachteil des Aufwandes einher, der für die Gewinnung der Informationen und die WWW-gemäße Aufbereitung benötigt wird. Für an Geldanlage Interessierte - und gerade solche gilt es für eine Bank anzusprechen - stellen solche Informationen, wie von Gries & Heissel und der Landesgirokasse angeboten, einen guten Grund dar, regelmäßig auf das Angebot zuzugreifen, woraus für die Bank die Chance erwächst, sich als kompetent zu profilieren.

Von der Möglichkeit über Lockangebote die Attraktivität des eigenen Angebots zu steigern, machen in größerem Umfang nur die Bank 24 und die Advance Bank Gebrauch. Beide bieten Informationen ohne direkten Bezug zu ihrer Bank oder zu Finanzfragen. Die Advance Bank stellt eine Liste mit Links zur Verfügung, die auf die Seiten anderer Anbieter im WWW verweisen, im einzelnen: Auf die Suchmaschinen, auf die Angebote verschiedener Zeitungen, zu Informationen über Reisen, Golf, Kunst und zu Börsencharts. Eine solche Liste zielt darauf ab, diejenigen, die mehr zur Unterhaltung und aus einem wenig zielgerichteten Informationsinteresse heraus den Online-Dienst nutzen, dazu zu veranlassen, das eigene Angebot als Einstiegspunkt oder Zwischenstation zu nutzen. Eine derart allgemeine und thematisch wenig abgegrenzte Liste mit Links hat m. E., wenig Aussicht auf Erfolg, da diese Möglichkeit von vielen Anbietern außerhalb des Bankbereichs bereits länger praktiziert wird, vor allem von Zeitungen.[274] Für eine Bank wäre eine zweckmäßigere Link-Collection also eher eine, die die Kompetenz der Bank in Finanzfragen ausnutzt und Links auf andere qualifizierte Angebote im WWW aufzeigt. Allerdings gibt es auch hier bereits etablierte Anbieter, vor allem Universitäten.[275]

Einen anderen Einsatz für ein Lockangebot verfolgt die Bank 24 mit ihren umfangreichen Freizeitinformationen „Time Guide". Die Informationen aus den Bereichen

---

[274] Zwei Beispiele von vielen sind die Angebote von Spiegel (URL: http://www.spiegel.de) und Zeit (URL: http://www.zeit.de).

[275] Zum Beispiel eine Liste von Banken im Internet von der Universität Köln (URL: http://www.uni-koeln.de/wiso-fak/bankseminar/links/banken.htm).

Musik, Kunst, Sport & Fitness, Literatur und Theater/Kino sind mit eigenen Inhalten gefüllt, also nicht nur Link-Liste. Aufgrund des breiten Spektrums der Informationen ist das Programm für Browser interressant und abhängig von der Aktualisierung auch für den wiederholten Zugriff attraktiv. Das Angebote der Bank 24, ist somit ein Musterbeispiel für Informationen, die mit dem eigentlichen Geschäftsbereich nichts zu tun haben und dadurch auch solche Informationssuchenden zur Abfrage motivieren, die ursprünglich kein Interesse an Bankinformationen hatten. Auf diese Weise kann dem passiven Charakter der Werbung über Online-Dienste begegnet werden.

Über das gesamte Angebot fällt auf, daß von den interaktiven Möglichkeiten des Internets wenig Gebrauch gemacht wird. Dabei sind Online-Dienste zum Direkt-Marketing gut geeignet. Beim Direkt-Marketing geht es darum, beim Interessenten eine direkte Reaktion hervorzurufen.[276] Die gute Eignung der Online-Dienste beruht darauf, daß die Hemmschwelle für den Kunden auf ein Angebot in einem Online-Dienst zu reagieren geringer ist, als bei anderen Medien.[277] Beispiele für solches Direkt-Marketing sind die Angebote, die dem Kunden ermöglichen, direkt Informationsmaterial zu bestellen. Die Möglichkeit mit dem Kreditinstitut Kontakt aufzunehmen reicht dazu aber nicht aus, sondern hier sind konkrete Angebote notwendig. Umfangreich wird dies von der Volkswagen Bank praktiziert, die den Interessenten neben der Bestellung von Informationsmaterial auch ermöglicht sich ein Angebot per Fax zuschicken zu lassen.

Einen anderen Weg, den interaktiven Charakter des Internets zu nutzen, beschreitet die Volksbank Ketsch eG. Das von ihr monatlich veranstaltete Gewinnspiel mit lokalem Bezug stellt zum einen ein gutes Lockangebot, das zum wiederholten Abruf motiviert dar und veranlaßt außerdem dazu mit der Bank Kontakt aufzunehmen. Hier wird die Chance regionaler Kreditinstiute genutzt, sich über ein auf die Region zugeschnittenes Angebot zu profilieren.[278] Einen anderen Weg, ihr regional beschränktes Tätigkeitsfeld zu nutzen, gehen einige Sparkassen, z. B. Pinneberg und Augsburg, indem sie konkrete Immobilien anbieten. Hierfür ist das WWW aufgrund seiner graphischen Fähigkeiten gut geeignet. Diese Angebote sind ein gutes Beispiel, wie das Internet im Bankbereich absatzfördernd wirken kann, die grundsätzlichen Schwierigkeiten der Bankwerbung treffen auf Immobilien nicht zu.

---

[276] Vgl. Wentlandt (1995), S. 24

[277] Vgl. Klute (1995a), S. 62

[278] Vgl. Bartmann/Wörner (1996), S. B 2

Abschließend kann festgehalten werden: Die von den Banken im WWW erbrachten Informationsdienstleistungen sind überwiegend Informationen über die Bank und ihre Produkte. Höherwertige Informationen werden nur von wenigen Banken angeboten. Da auch von der Möglichkeit über Lockangebote für das eigene Angebot zu interessieren, wenig Gebrauch gemacht wird, bleibt der Nutzen der meisten Angebote beschränkt, da sie nicht zum wiederholten Abruf motivieren. Insgesamt machen die Angebote von den spezifischen Werbemöglichkeiten eines Online-Dienstes wenig Gebrauch, obwohl einige Anbieter exemplarische Angebote realisiert haben.

6.2.3 Online-Banking im Internet

Entgegen der allgemeinen Auffassung, daß das Internet für Online-Banking derzeit noch zu unsicher ist[279], hat sich die Stadtsparkasse Dortmund entschlossen, in ihrem WWW-Angebot Online-Banking möglich zu machen. Die Sicherheit beruht dabei im wesentlich auf den nur einmal verwendbaren Transaktionsnummern (TAN), wie beim Banking über T-Online. Zusätzlich wurde ein Tageshöchstbetrag von 5.000,- DM festgelegt.

Der Angebotsumfang entspricht im wesentlichen dem, was auch über T-Online angeboten wird: Abfrage der Konten und Depots, Überweisungen, Daueraufträge, An- und Verkauf von Wertpapieren und die Überträge auf Geldmarktkonten.

Da die möglichen finanziellen Transaktionen im wesentlichen Überweisungen darstellen, ist es nicht ohne weiteres möglich, sich durch eine Manipulation einen finanziellen Vorteil zu verschaffen. Da das Konto des Begünstigten bekannt ist, ist sichergestellt, daß eine etwaige Manipulation im Nachhinein aufgeklärt werden kann.[280]

Daher ist diese Art des Banking nicht wesentlich unsicherer als über T-Online.

6.3 Betreiber

Im Rahmen der in dieser Arbeit getroffenen Definition sind Online-Dienste: T-Online, CompuServe, America Online (AOL), Europe Online, Microsoft Network (MSN) und das Internet. Aufgrund der beschränkten Zahl, kann auch hier ein Marktvergleich auf Basis einer Vollerhebung durchgeführt werden.

---

[279] Vgl. Anderer (1995), S. 23

[280] Vgl. für den Abschnitt Stadtsparkasse-Dortmund (1996) und das Gespräch mit Herrn Brügger.

Bevor in diesem Abschnitt ein Bewertungsschema für die Betreiber entwickelt wird und darauf aufbauend ein Marktvergleich vorgenommen wird, werden die Online-Dienste der privaten Betreiber und das Internet, soweit es für den Marktvergleich relevant ist, kurz vorgestellt.

6.3.1 Vorstellung der Online-Dienste

T-Online

T-Online ist die Weiterentwicklung des 1984[281] offiziell in Deutschland einge-führten Bildschirmtext-Systems.[282] Btx wurde 1992 in Datex-J umbenannt. Zum einen aus „marketingstrategischen Gründen"[283], zum anderen wurde aber eine Trennung der Anwendung Bildschirmtext und der zugrundeliegenden Kommuni-kationsplattform Datex-J durchgeführt.[284] „Unter dem Namen Datex-J werden neben den bisherigen Btx-Anwendungen nun auch allgemeine Datenübertragung und Anwendung im Direktzugriff als Dienste möglich."[285] Im Btx/Datex-J-System gibt es zum einen die Leitzentrale in Ulm, die die gesamten Daten des Systems speichert und den Dienst steuert. Daneben gibt es 220 regionale Netzknoten, die folgende Aufgaben erfüllen: Die Btx-Teilnehmer wählen sich über diese Knoten ins System ein und zudem sind die Externen Rechner (ER) der Diensteanbieter über diese Knoten an das System angebunden. Darüber hinaus halten diese regionalen Knoten 4 v.H. der Informationen der Gesamtdatenbank in Kopie vor, die 98 v.H. der am häufigsten genutzten Informationen entsprechen.[286]

Datex-J wurde in Telekom Online (bzw. T-Online) umbenannt, da sich folgende Neuerungen ergaben: Die Teilnehmer können jetzt alle Internet-Dienste nutzen und die Verbreitung des KIT-Standards wurde durch die kostenlose Abgabe des ent-sprechenden Decoders an die Btx-Nutzer gefördert. Hinzu kam die Erhöhung der Übertragungsgeschwindigkeiten auf 14.400 Baud und teilweise 28.800 Baud.[287][288]

---

[281]Vgl. Stahlknecht (1993), S. 139

[282]Im weiteren als Btx bezeichnet.

[283]Knut (1994), S. 251

[284]Zimmermann (1995), S. 323

[285]Gabriel et al. (1994), S. 54

[286]Vgl. Zimmermann (1995) S. 324 und Knut (1994), S. 251 f.

[287]Vgl. o.V. (1995), S. 12 und o.V. (1996), S. 60

[288]Die Terminologie in bezug auf T-Online gestaltet sich somit schwierig. Die zwischenzeitliche sprachliche Trennung zwischen der Anwendung Btx und der Kommunikationsplattform Datex-J wird durch den neuen Oberbegriff T-Online wieder aufgehoben. Im weiteren Verlauf sollen die Begriffe Btx und Datex-J weiterhin Verwendung finden, Btx für die Anwendung inklusive KIT, Datex-J wie für Kommunikationsplattform und T-Online für das Gesamtsystem.

Bis zur Einführung des KIT-Standards[289] basierte Btx/Datex-J auf dem *CEPT1-Standard[290]*, der folgende Leistungsmerkmale aufweist: Der Bildschirm ist in 20 oder 24 Zeilen aufgeteilt, in denen jeweils 40 Zeichen dargestellt werden können. Es gibt 365 alphanumerische und 154 graphische Zeichen. Die Zeichen werden aus einer Matrix von 12x10 Punkten (bei 24 Zeilen, bzw. 12x12 bei 20 Zeilen) generiert.[291]

Die folgende Darstellung von KIT stammt ebenso wie die Terminologie zu KIT aus dem „sonderdruck aus telekom praxis"[292]:

Das KIT-Terminal besteht aus verschiedenen Funktionsgruppen. Die *Terminalanwendung* hat die Aufgabe, die Funktionseinheiten des Terminals zu steuern, zum Beispiel die An- und Abwahl. Das sogenannte *Kommunikationsteil* steuert dann die Onlineverbindung. Die empfangenen Daten werden entweder durch den *CEPT1-Decoder* weiterverarbeitet, falls es sich um konventionelle Btx-Daten handelt, oder so ein entsprechender *Kit-Header* erkannt wird, durch die *KIT-Instanz*. Die neue Benutzerschnittstelle KIT ermöglicht somit weiterhin die Nutzung der auf dem CEPT1-Standard beruhenden Angebote. Zur Bildschirmdarstellung verwenden beide das gleiche lokale *Graphical User Interface*, das auch alle Benutzereingaben und die Verwaltung der angeschlossenen Peripheriegeräte übernimmt. „KIT basiert auf einem objektorientierten Modell und nutzt die Client-Server-Philosophie."[293] Damit trägt KIT der Entwicklung Rechnung, die als Endgerät immer mehr den PC zum Einsatz kommen läßt und weniger die alternativen Geräte.[294] „Der Benutzer eines KIT-fähigen PC erhält eine mausgesteuerte Oberfläche, die durch eine Windows-typische Optik dem State-of-the-Art der graphischen Benutzeroberflächen entspricht."[295]

Internet
Die Ursprünge des Internet gehen auf die „Advance Research Project Agency" (ARPA) des amerikanischen Verteidigungsministeriums zurück, die 1969 zunächst

---

[289]KIT=Kernsoftware für intelligente Terminals bei (Braun et al. (1995), S. 2). Anders bei (Zimmermann (1995), S.327): KIT=Windows based Kernel for Intelligent Communication Terminals.

[290] CEPT ist die Akkürzung für „Conference Europeenne des Administrations des Postes et des Telecommunications". (Vgl. Knut (1994), S. 255 f.)

[291]Vgl. Stahlknecht (1993), S.139

[292]Braun et al. (1995), S. 1 ff.

[293]Zimmermann (1995), S. 325

[294]93% der Neukunden und 85% der Altanwender verwenden als Datenendgerät einen PC. (Vgl. Braun et al. (1995), S. 1)

[295]Zimmermann (1995), S. 327 f.

vier Großcomputer miteinander vernetzte. Das enstandene Netze wurde ARPANET genannt und 1972 öffentlich präsentiert. In der Folgezeit schlossen sich viele Universitäten und Forschungseinrichtungen an das Netz an. 1982 wurde die zweite Generation der Netzwerksoftware spezifiziert und programmiert, die fortan unter der Bezeichnung zweier ihrer Teile unter „TCP/IP"[296] geführt wird. TCP/IP kann auf verschiedenen Rechnertypen eingesetzt werden und seine Spezifikationen sind ebenso wie die darauf aufbauenden Dienste öffentlich zugänglich. Die Spezifikationen werden „Request for Comment" (RFC) genannt und sind im Netz verfügbar. Als Bezeichnug für die über TCP/IP verbundenen Rechner hat sich der Begriff „Internet" etabliert. [297]

Aufgrund der konstituierenden Bedeutung des TCP/IP-Protokolls definiert *Quarterman* das Internet wie folgt:

> „The Internet is an internetwork of many networks all running the TCP/IP protocol suite..., connected through gateways, and sharing common name and adress spaces."[298]

Diese Defintion weicht allerdings von dem ab, was man häufig unter Internet versteht. „Was wir eigentlich meinen, ist der Zugriff auf das Internet und die verschiedenen Netzwerke, die es bildet, einschließlich dessen Gateways für Netzwerke, die unter völlig anderen Protokollen laufen."[299] Da diese Defintion allerdings keine saubere Abgrenzung des Internets gestattet, soll dieser Arbeit die Defintion von Quarterman zugrunde gelegt werden.

Das Netzwerkprotokoll *Internet Protocol* (IP) ist verbindungslos und wurde entwickelt, um die verschiedenen Netze des ARPA-Netzes zu verbinden. Das zugehörige Transportprotokoll ist das verbindungsorientierte *Transport Control Protocol* (TCP).[300] Das TCP/IP-Protokoll läßt sich in vier Schichten darstellen, die allerdings nicht so sauber getrennt sind, wie es das Modell vermittelt.

---

[296] TCP/IP ist die Abkürzung für Transmission Control Protocol (TCP) und Internet Protocol (IP).

[297] Vgl. Maier/Wildberger (1995), S. 7 f.

[298] Quarterman (1990), S. 278. Bei Gilster findet sich eine deutsche Übersetzung: „Internetzwerk, aus vielen Netzwerken, die alle unter TCP/IP arbeiten..., sie sind durch Gateways verbunden und haben ähnliche Normen und Adressen." (Quarterman nach Gilster (1994), S. 21)

[299] Gilster (1994), S. 21

[300] Vgl. Tanenbaum (1989), S. 36

Anwendungsschicht
Transportschicht
Internetschicht
Netzschicht

Abbildung 8: TCP/IP-Schichten[301]

Geprägt wurde das Internet von seiner Anfangszeit durch seinen nicht-kommerziellen Ansatz und die dezentral angelegte Struktur. In letzter Zeit ist eine zunehmende Tendenz zur Kommerzialisierung erkennbar: Besonders seit der Einführung des World Wide Web drängen zunehmend Unternehmen ins Internet.[302] Als Hindernis bei der Kommerzialisierung wirkt häufig die noch ungeklärte Frage der Bezahlung von im Internet erbrachten Leistungen.[303]

Es gibt keine Organisation, die für das Internet als ganzes zuständig ist, aber verschiedene Organisationen, die Aufgaben für das ganze Netz übernehmen.[304] Zugang zum Netz finden die Anwender über die Internet-Provider. Zur eindeutigen Beschreibung von Internet-Quellen existiert der *Uniform Resource Locator* (URL), der für alle Internet-Dienste definiert ist. Der URL enthält Informationen über die Art der Information, den Rechner auf dem die Information gespeichert ist und wo auf diesem Rechner die Information zu finden ist.[305]

Das Internet hat verschiedene grundlegende Anwendungen zu bieten, die allgemein als Dienste bezeichnet werden[306]. Von besonderer Bedeutung für die Kommerzialisierung des Internets ist das World Wide Web (WWW oder W3 abgekürzt), „die zur Zeit am weitesten fortgeschrittene Entwicklung zur Erschließung von Ressourcen im Internet."[307] Das WWW wurd daher an dieser Stelle näher erläutert. Die Entwicklung des WWW geht auf das Europäische Zentrum für Teilchenphysik CERN zurück. Das Ziel war damals, im vielfältigen Angebot des Internets auf einfache Art und Weise zu navigieren[308], die zur Idee eines auf der Client-Server-

---

[301]Vgl. Schönleber/Keck (1995), S. 36

[302]Maier/Wildberger (1995), S. 179. Zum WWW vgl. weiter unten.

[303]Vgl. Petersen/Simon (1995), S. 40

[304]Vgl. Gilster (1994), S. 40

[305] Vgl. Schneider (1995), S. 266 und Maier/Wildberger (1995), S. 17

[306]Gilster bezeichnet Electronic Mail, Dateiübermittlung und Remote Login als die drei *großen* Internetanwendungen. (Vgl. Gilster (1994), S. 25 ff.)

[307]Scheller et al. (1994), S. 259

[308]Vgl. Scheller et al. (1994), S. 259

Architektur aufbauenden Hypertextsystems führte.[309] Zu diesem Zweck wurde die „Hypertext Markup Language" (HTML) entwickelt, die es ermöglicht, in einem Dokument sowohl Text, Bilder, Töne und Geräusche zu verbinden. Jeder Bestandteil eines solchen Dokuments kann über sog. Hyperlinks - bzw. abkürzend Links - mit anderen Dokumenten oder Dokumentenbestandteilen verbunden werden. Die Kommunikation zwischen Client und Server basiert auf dem Hypertext Transfer-Protocol (HTTP). Die zugrundeliegenden Dokumente liegen in der Hypertext Markup Language (HTML) vor.[310]

Neben den bisher dargestellten Diensten gibt es in Deutschland noch CompuServe und seit kurzer Zeit die Dienste AOL, Europe Online und MSN. Diese Dienste haben keine Banken im Online-Angebot und sind daher für diese Arbeit nicht so relevant, wie Internet und T-Online. Allerdings planen diese Dienste in Zukunft Online-Banking in ihr Programm aufzunehmen[311], daher sollen sie an dieser Stelle im Hinblick auf diese Perspektive dargestellt werden.

CompuServe

Die Anfänge von CompuServe liegen in der Vermietung von Rechenkapazität, die das Unternehmen auch heute noch betreibt. Wenn heute von CompuServe gesprochen wird, ist damit zumeist nur der Teil des Unternehmens gemeint, der den Online-Dienst „CompuServe Information Service" (CIS) anbietet.[312] Ende der 80er Jahre entstanden erste Netzknoten in Europa. Inzwischen gibt es Tochterfirmen in verschiedenen europäischen Ländern. Die gesamte Hardware, die für den Dienst notwendig ist, steht zentral in Columbus im US-Bundesstaat Ohio. CompuServe verfügt über ein eigenes Netz, das über Gateways mit lokalen Kommunikationsnetzen in über 120 Ländern verbunden ist.[313] Mit dem CompuServe Information Manager (CIM) steht dem Benutzer eine graphische Benutzeroberfläche zur Verfügung, die ihm die Navigation in CIS gegenüber dem auch möglichen Terminalbetrieb wesentlich erleichtert.[314]

---

[309]Vgl. Scheller et al. (1994), S. 260

[310]Vgl. Scheller et al. (1994), S. 260; Maier/Wildberger (1995), S. 17 und Cook/Sellers (1995) S. 45

[311]o.V. (1996), S. 58

[312]Im weiteren Verlauf der Arbeit sollen beide Bezeichnungen für den Online-Dienst stehen.

[313]Vgl. Lauer (1994), S. 17 ff. und S. 21 ff.

[314]Vgl. o.V. (1996a), S. 32 f.

America Online

Die AOL/Bertelsmann Online GmbH & Co. KG ist ein Joint Venture der Unternehmen Bertelsmann AG und America Online Inc. Das europäische Angebot baut auf das schon seit 1985 bestehende Angebot in den USA auf. Die zugrundeliegende Informationsinfrastruktur unterliegt von seiten des Unternehmens der Geheimhaltung, da man das eigene System den Systemen der Wettbewerber für überlegen hält. AOL stellt dem Anwender eine graphische Benutzerschnittstelle zur Verfügung, die das Navigieren im System erleichtert, allerdings nicht die Möglichkeit bietet Nachrichten „offline" vorzubereiten.[315]

Microsoft Network

Das Microsoft Network (MSN) wurde erst im Herbst 1995 gegründet und wird von der Sofwarefirma Microsoft betrieben. Die Besonderheit des MSN ist seine Integration in Microsoft Windows 95, die für transparente Übergänge zwischen den lokalen Daten des Anwenders und den Online-Daten im MSN sorgt. Der Transport der Daten ist über die bekannten Windows-Verfahren wie z. B. Ziehen mit der Maus möglich.[316] Die zum Betrieb von MSN notwendige Software ist Bestandteil von Windows 95. Die Firma Microsoft plant derzeit MSN vollständig in das Internet zu integrieren.[317]

Europe Online

Europe Online hat seinen Sitz in Luxemburg und Tochtergesellschaften in Großbritannien, Frankreich und Deutschland. Das Angebot ist in das Internet integriert und sowohl über externe Internet-Provider wie über das eigene Netz erreichbar. Europe Online hat seine Tätigkeit im Dezember 1995 aufgenommen und für die unmittelbare Zukunft Online-Banking nach Btx-Vorbild angekündigt. Diese Möglichkeit soll aus Sicherheitsgründen nur für solche Mitglieder bestehen, die sich über das eigene Netz und nicht über das Internet einwählen. Das Online-Banking wird dann über PIN und TAN wie beim Btx-Banking abgewickelt.[318] Die gra-

---

[315]Vgl. AOL (1996); Förster (1996b) und die telefonische Auskunft des AOL Pressesprechers Ingo Reese am 28.03.1996.

[316]Vgl. Förster (1996c), S. 13

[317]Vgl. Microsoft (1996), S. 5

[318] Vgl. zu PIN und TAN unter 6.4

phische Europe Online-Benutzerschnittstelle unterstützt die gängigen Internet-Protokolle.[319]

6.3.2 Entwicklung eines Bewertungsschemas für Betreiber

Die Dienstleistungen der Betreiber können wie unter 5.2 grundsätzlich dargestellt, in Kommunikationsnetz-Dienste, MHS-Dienste, Forum-Dienste und Gateway-Dienste unterschieden werden. Zur Bewertung dieser Dienste kann auf die folgenden Merkmalen abgestellt werden: Infrastruktur des Kommunikationsnetzes, Leistungsumfang der Dienste und für die Inanspruchnahme anfallende Kosten.

Unter *Infrastruktur* fallen die Anzahl der Netzknoten zum jeweiligen Online-Dienst und die mögliche Übertragungsgeschwindigkeit. Beide Kriterien sind für die bei der Nutzung entstehenden Telekommunikationskosten relevant. Im Interesse der Kunden, sollten sie sich möglichst zum Ortstarif in das Netz einwählen können und zum anderen durch hohe Übetragungsgeschwindigkeiten die Verbindungszeit möglichst gering halten können. Hohe Übertragungsgeschwindigkeiten sind zudem die Grundvoraussetzung, damit Grafiken in kurzer Zeit übertragen werden können.[320]

Die *Leistungsumfang* kann in die Zurverfügungstellung von Internet-Diensten, von Online-Banking, dem allgemeinen Informationsangebot, der Fähigkeit zur Informationsdarstellung und der Sicherheit unterschieden werden. Ebenfalls zu diesem Bereich gehören die Möglichkeiten, die die Betreiber den Dienstanbietern zu Abrechnung ihrer kostenpflichtigen Angebote mit den Kunden zur Verfügung stellen.[321]

Bei der Betrachtung der *Kosten* ist zwischen der festen monatlichen Grundgebühr und den zeitabhängigen Nutzungskosten für die Inanspruchnahme der Angebote zu unterscheiden, wobei etwaige Freistunden zu berücksichtigen sind. Zusätzlich sind weitere Kosten, die bei Nutzung entsprechender Angebote des Betreibers entstehen, gesondert zu berücksichtigen, wie die Nutzung des Internet. Die ggf. kostenpflichtigen Angebote externer Informationsanbieter gehen allerdings in diese Betrachtung nicht ein, da sie nicht dem Betreiber angelastet werden können.

Einige *statistische Angaben* sind ebenfalls von Interesse. So ist für eine Online-Banking anbietende Bank die Kundenzahl des Online-Dienstes von Interesse und

---

[319]Vgl. Europe Online (1996) und Europe Online (1996a)

[320] Vgl. Schmidhäusler (1996), S. 23

[321] Vgl. o. V. (1995c), S. 71

für potentielle Kunden ist interessant, wie viele Banken im jeweiligen Online-Dienst ein Angebot vorhalten.

6.3.3 Vergleich der Betreiber

Infrastruktur

Die Infrastruktur der kommerziellen Online-Dienste stellt sich wie folgt dar:

	T-Online	CompuServe	AOL	Europe Online	MSN
Einwahl-knoten in Deutschland	überall zum Ortstarif er-reichbar	11	51	135	14
Geschwindig-keit in Baud	14.400, teilw. 28.800 64.400 über ISDN	28.800	28.800	14.400	14.400

Abbildung 9: Infrastruktur[322]

Die beste Infrastruktur weist T-Online auf, da es zum einen im gesamten Bundesgebiet zum Ortstarif zu erreichen ist und zudem über ISDN-Zugänge verfügt. Das Angebot von Europe Online an Einwahlknoten ist beachtlich, besonders wenn man bedenkt, daß dieser Dienst erst seit kurzem im Markt ist. Im Gegensatz dazu ist das Angebot von CompuServe, trotz der letztlich durchgeführten Erhöhung der Geschwindikeit auf 28.800 Baud, aufgrund der wenigen Einwahlknoten unzureichend, genauso wie das Netz von MSN, das darüber hinaus noch über eine geringere Übertragungsgeschwindigkeit verfügt. Das Angebot von AOL ist medioker. Für Kunden in der Nähe der Einwahlpunkte steht eine hohe Geschwindigkeit zur Verfügung, für alle anderen ist das Angebot aufgrund der hohen Telekommunikationskosten nicht vorteilhaft. Für das Internet läßt sich keine allgemeine Aussage treffen. Zum einen kann über die kommerziellen Online-Dienste, bis auf MSN, auch das Internet genutzt werde. Darüber hinaus existiert in jeder größeren deutschen Stadt mindestens ein Internet-Provider. Die Internet-Provider machen allerdings nach Zeit und Volumen sehr unterschiedliche Angebote.

Kosten

In diesem Abschnitt werden nur die Kosten behandelt, die an den jeweiligen Betreiber abgeführt werden. Die Kosten für die Telekommunikation bis zum Netz des Betreibers bleiben außen vor, obwohl diese abhängig von der Anzahl der Netzknoten sein können. Da dieses Kriterium aber von der individuellen Situation des Kunden abhängt, wird für diesen Kostenvergleich davon abstrahiert. Ebenfalls wird

---

[322] Zahlen aus: o. V. (1996e), S. 6; CompuServe-Information (1996); CompuServe Pressemitteilung (1996); AOL (1996); Microsoft (1996), S. 5 und Europe Online (1996)

die Möglichkeit das Internet über einen speziellen Internet-Provider zu nutzen, nicht mit einbezogen, da die Konditionen von Provider zu Provider verschieden sind.

Die Kosten der kommerziellen Online-Dienste können wie folgt dargestellt werden[323]:

	T-Online	CompuServe	AOL	Europe Online	MSN
Monatsgebühr	8,00 DM	19,95 DM	9,90 DM	7,00 DM	14,00 DM[324]
darin enthaltene Freistunden	-	5	2	2	2
zusätzliche Kosten pro Stunde	3,60 DM[325] 1.20 DM[326]	4,95 DM	6.00 DM	4,20 DM	7,50 DM
Zusatzkosten für Nutzung des Internets	0.10 DM pro Minute	-	-	-	- (bisher nur E-Mail)

Abbildung 10: Kostenübersicht der Betreiber[327]

Aufgrund der unterschiedlichen Preisstrukturen und der unterschiedlichen Anzahl der Freistunden, hängt der Preisvergleich von der Nutzungszeit ab. Zur Verdeutlichung kann die folgende Grafik herangezogen werden:

---

[323] Die ausschließliche Nutzung des Internets ist auch durch die Vielzahl der Internet-Provider möglich.

[324] Oder 129,00 DM im Jahr.

[325] Von 8.00 Uhr bis 18.00 Uhr.

[326] Von 18.00 Uhr bis 8.00 Uhr und an Samstagen, Sonntagen und Feiertagen.

[327] Die Zahlen stammen aus: Altenhövel (1994), S. 41; Förster (1996), S. 15; CompuServe Information (1996); AOL (1996); Microsoft (1996), S. 5 und Europe Online (1996)

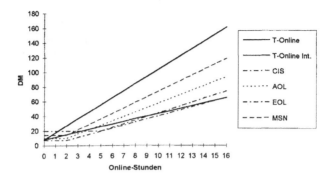

Abbildung 11: Kostenvergleich Betreiber[328]

Im Kostenvergleich ist es sinnvoll T-Online mit Internet-Zugriff den anderen Betreibern gegenüber zu stellen, da bei diesen der Internet-Zugriff im Preis enthalten ist. Aufgrund der geringsten Monatsgebühr und des geringsten Stundenentgelts macht Europe Online unabhängig von der Nutzungszeit das günstigste Angebot, allerdings bietet dieser Dienst außerhalb des Internet ein bisher noch recht dürftiges Angebot. Für eine Nutzungszeit unter vier Stunden ist AOL aufgrund der niedrigeren Grundgebühr günstiger als CompuServe, danach ist CompuServe durch die niedrigere Stundengebühr vorteilhafter. Das MSN ist in bezug auf Grundgebühr und Stundenentgelt teurer als AOL und Europe Online, im Vergleich zu CompuServe ist die Grundgebühr niedriger, die Kosten pro Stunde allerdings wesentlich höher, daher stellen sich nur Nutzer einer Online-Zeit bis zu 2 Stunden und 48 Minuten bei MSN günstiger. Die Nutzung des Internets über T-Online ist im Vergleich am teuersten, die Grundgebühr liegt bereits über Europe Online und es gibt aber Freistunden, so daß T-Online schon bei sehr geringer Nutzung teurer ist als die Konkurrenz. Im Vergleich zu AOL lohnt sich T-Online bis zu 11 Minuten, im Vergleich zu CompuServe bis zu 1 Stunde und 14 Minuten im Monat.[329]

Bei Verzicht auf das Internet ist T-Online allerdings aufgrund der dann niedrigen Stundengebühr sehr günstig und ab 15 Stunden und 40 Minuten, der billigste Online-Dienst. Zu bemerken ist, daß T-Online zwischen 18.00 Uhr und 8.00 Uhr jeweils 0,04 DM in der Minute günstiger ist.

---

[328] T-Online wird danach differenziert, ob nur der eigen Dienst genutzt wird, oder ob auch auf das Internet zugegriffen wird (T-Online Int.). Für T-Online wird jeweils der Tagtarif zugrundegelegt. Bei MSN wird von der Monatsgebühr ausgegangen. EOL steht für Europe Online.

[329] Eigene Berechnungen auf Basis der Zahlen in Abbildung 10.

Der Wert eines solchen Kostenvergleichs wird durch die unterschiedlichen Inhalte der Dienste, der Außerachtlassung der Telekommunikationskosten und der Nichtberücksichtigung der unterschiedlichen Datenübertragungsgeschwindigkeiten gemildert. Ein allgemeiner Kostenvergleich, wie hier durchgeführt, muß also im Einzelfall überprüft werden, abhängig von Interessen und Nähe zu den Einwahlpunkten.[330]

Als Ergebnis kann unter den eben ausgeführten Einschränkungen dennoch festgehalten werden, daß Europe Online zur Zeit unabhängig von der Inanspruchnahme das kostengünstigste Angebot macht und die Vorteilhaftigkeit der anderen Dienste sich untereinander mit der Nutzungszeit ändert.

Leistungsumfang

Der Leistungsumfang der einzelnen Diensteanbieter aus dem Bankbereich in den Online-Diensten Internet und T-Online wurde unter 6.2.2 und 6.1.2 ausführlich dargestellt. An dieser Stelle soll das Gesamtangebot der Online-Dienste vergleichend skizziert werden.

Die *Informationsangebote* der Online-Dienste sind - abhängig von der Entwicklung des jeweiligen Betreibers - unterschiedlich. Die Angebote von MSN und Europe Online sind noch im Aufbau begriffen, da diese Dienste erst seit sehr kurzer Zeit bestehen.[331] Das Angebot von AOL ist in seinem amerikanischen Teil bereits umfangreich, das noch junge deutschsprachige Angebot ist hingegen hauptsächlich auf einige Angebote der zur Bertelsmann-Gruppe gehörenden Printmedien beschränkt.[332] Das Angebot von CompuServe verfügt ebenfalls über einen umfassenden englischsprachigen Teil, mit dem Schwerpunkt Computertechnik, aber zunehmend sind auch deutschsprachige Angebote verfügbar.[333] Die Angebote in T-Online sind allesamt in deutscher Sprache verfaßt, mit vornehmlich deutschen Inhalten.[334]

Über das weitreichendste weltweite Informationsangebot verfügt das Internet, mit seinen 6,6 Millionen angeschlossenen Rechnern (Stand Juli 1995).[335] Diese Informationen sind aber auch über die Internet-Zugänge der kommerziellen Online-Dienste, mit Ausnahme von MSN, verfügbar. Der Nachteil des Internet ist, daß

---

[330] Vgl. zur Problematik eines allgemeinen Kostenvergleichs: Schmidhäusler (1996), S. 23

[331] Vgl. Förster (1996c), S. 13 und Förster (1996d), S. 12

[332] Vgl. AOL-Cockpit (1996)

[333] Vgl. Förster (1996a), S. 15

[334] Vgl. o. V. (1996b), S. 101 f.

[335] Vgl. Maier/Wildberger (1995), S: 8

sich dort bislang fast ausschließlich Angebote finden, die der jeweilige Anbieter unentgeltlich zur Verfügung stellt. Die Möglichkeit in kostenpflichtigen Datenbanken zu recherchieren, wie sie beispielsweise T-Online und CompuServe bieten, besteht somit im Internet nicht. Die Vorteilhaftigkeit des Gesamtangebots der Online-Dienste läßt sich aufgrund der Heterogenität der Inhalte nur tendenziell feststellen:

Wer vornehmlich an deutschsprachigen Informationen mit deutschen Inhalten interessiert ist, für den ist T-Online der geeigneteste Dienst. Bei Interesse an internationalen Inhalten ist T-Online hingegen ungeeignet. Hier sind AOL und CompuServe am besten geeignet. Wobei CompuServe derzeit einen umfangreicheres deutsches Angebot aufweisen kann als. Europe Online ist zur Zeit hauptsächlich aufgrund der Internet-Nutzungsmöglichkeit interessant. Sein Informationsangebot steht, ebenso wie das von MSN, hinter dem der Wettbewerber zurück.

Online-Banking ist derzeit, bis auf die Ausnahme der Stadtsparkasse Dortmund, nur über T-Online möglich. Technisch liegen dafür keine Gründe vor, da die anderen Online-Dienste mit eigenen Netzen eine ebenso große Sicherheit gewährleisten können, wie T-Online. Alle Online-Dienst haben angekündigt, in Zukunft Online-Banking anbieten zu wollen, aber nur Europe Online hat bereits ein Konzept vorgestellt.[336] Da derzeit über 1.000 Banken Online-Banking über T-Online anbieten, liegt hier der große Vorteil dieses Online-Dienstes.[337] Im Internet sind zwar viele Banken präsent aber die Durchführung von Transaktionen ermöglicht nur eine Bank.[338] Dennoch ist im Hinblick auf die zukünftige Entwicklung des Online-Banking das Internet gegenüber den anderen kommerziellen Online-Diensten dadurch im Vorteil, daß die Banken bereits jetzt ein Angebot vorhalten. Aus Kundensicht sind die Informationsangebote einiger Banken im Internet bereits jetzt interessant.[339]

Die Eignung der verschiedenen Online-Dienste zur graphischen Darstellung, die für die Bankwerbung von Bedeutung ist, wurde für T-Online und das Internet unter 6.3.1 ausführlicher dargestellt. Beim direkten Vergleich der beiden Online-Dienste ist das Internet mit dem WWW im Vorteil, da der KIT-Standard kompliziert und teilweise noch nicht ausgereift ist. Die anderen Online-Dienste verfügen auch über graphische Benutzerschnittstellen, die die Einbindung von Grafiken ermöglichen.

---

[336] Vgl. Europe Online (1996a)

[337] Vgl. Scheuerer (1995), S.

[338] Vgl. Anhang C

[339] Vgl. unter 6.2.2

Sie sind somit grundsätzlich auch zur anspruchsvollen Informationsdarstellung geeignet.[340]

Bei der Frage der Sicherheit sind die Anbieter mit eigenem Netz von denen zu unterscheiden, die über das Internet erreicht werden. Zusätzlich zu den grundsätzlich unter 4.1.1 erläuterten Verfahren zur Datensicherung, kommt bei den betreibereigenen Netzen hinzu, daß die Datenübertragung geschützter verläuft als im Internet. Allerdings ermöglicht die Datenübertragung über diese Netze den Mitarbeitern des jeweiligen Betreibers Mißbrauchsmöglichkeiten.[341]

Da unter 4.1 festgestellt wurde, daß auch in offenen Netzen Sicherheit möglich ist, ist der Vorteil der Sicherheit über ein geschützteres Netz nicht bedeutend. Die Anonymität des Nutzers ist hingegen bei den kommerziellen Online-Diensten gegenüber den Betreibern weniger gegeben als im Internet, da diese Betreiber der gesamten Datenaustausch kontrollieren können und falls sie das Inkasso übernehmen, diese Daten auch speichern müssen. Für die Sicherheit ergibt sich somit ein leichter Vorteil für die Betreiber mit eigenen Netzen, der allerdings nur solange besteht, wie die unter 4.1 beschriebenen Verfahren zur Datensicherheit nicht weit reichender angewendet werden.

Die *Internet-Dienste* werden von T-Online, AOL, CompuServe umd Europe Online in vollem Umfang ermöglicht. MSN bietet zur Zeit nur E-Mail. Die Internet-Provider bieten in den meisten Fällen Wahlmöglichkeiten, bei der ent weder alle oder nur einige Internet-Dienst ermöglicht werden.

Die Möglichkeit im Online-Dienst erbrachte Leistungen auch abzurechnen, bietet alle kommerziellen Online-Dienste.[342] Sie sind somit für Informationsanbieter, di ihre Leistung über den Online-Dienst verkaufen wollen, besser geeignet, als das Internet, bei dem auf die unter 8.1 skizzierten Verfahren zurückgegriffen werde muß.

---

[340] Vgl. unter 6.3.1

[341] Vgl. Lauer (1994), S. 107 f.

[342] Vgl. o. V., S. 71

Statistik

Die Anwenderzahlen der Online-Dienste stellen sich zur Zeit wie folgt dar:

Online-Dienst	Anwender
T-Online	1.000.000 in Deutschland
CompuServe	4.300.000 weltweit, 200.000 Deutschland
AOL	3.800.000 weltweit
Europe Online	noch ohne Angabe
MSN	1.000.000 weltweit
Internet	30.000.000 weltweit, 600.000 in Deutschland (geschätzt)

Abbildung 12: Anwenderzahlen der Online-Dienste[343]

Gesamtvergleich

Für den Vertrieb von Bankgeschäften gibt es zur Zeit keinen geeigneteren Dienst als T-Online. Dieser ist im ganzen Bundesgebiet zum Ortstarif erreichbar und hat über eine Million Kunden, die bei mehr als 1.000 Banken ihre Bankgeschäfte erledigen können. Die anderen kommerziellen Online-Dienste sind zwar prinzipiell auch zum Online-Banking geeignet, ihre schlechtere Infrastruktur und die noch geringen Anwenderzahlen in Deutschland machen aber den Vorteil von T-Online aus. Das Internet ist, unter der dargestellten Einschränkungen bei der Sicherheit, auch zum Online-Banking geeignet.

Für die Kommunikationspolitik ist das Internet bzw. das WWW am besten geeignet, da es mit dem HTML-Protokoll über umfangreiche Möglichkeiten zur Darstellung verfügt und von vielen Anwendern genutzt wird.

6.3.4 Vergleich der Sicherheit in T-Online und im Internet

In diesem Abschnitt werden die Sicherheitsmaßnahmen beschrieben, die beim Banking über T-Online zur Anwendung kommen. Zum Vergleich werden anschließend die im Internet möglichen Sicherheitsmaßnahmen dargestellt. Da diese

---

[343] Quelle: O. V. (1996f), S. 104; CompuServe-Information (1996) und Microsoft (1996), S. 5

Maßnahmen nicht nur vom Betreiber oder vom Diensteanbieter abhängen, werden sie an dieser Stelle gesondert behandelt.

T-Online

Die Sicherheit ist beim Banking über T-Online nach Altenhövel durch 7 Stufen gennzeichnet:

1. *Anschlußkennung*: Eine 12-stellige Zahl, die dem Kunden von der Telekom per eigenhändigem Einschreiben zugesandt wird. Diese Nummer wird vom T-Online-System auf Plausibilität geprüft.

2. Das *Persönliche Kennwort* soll verhindern, daß Unberechtigte den Anschluß nutzen können, nach dreimaliger Fehleingabe wird der Zugang gesperrt.

3. *Kontonummer*: Sie muß dem Angreifer bekannt sein.

4. Die *PIN* stellt das frei gestaltbare Paßwort zum Konto dar.

5. *Transaktionsnummer* (TAN): Sie übernimmt die Funktion der elektronischen Unterschrift. Der Kunde erhält von seinem Kreditinstitut ein Blatt, auf dem zwischen 25-100 TANs sind. Für besondere Aktionen (u.a. PIN ändern, Überweisungen) muß der Benutzer eine solche TAN eingeben. Jede TAN ist nur einmal verwendbar.

6. Betragsbegrenzung: Einige Kreditinstute ermöglichen einen Höchstbetrag für eine Btx-Überweisung festzulegen.

7. Transaktionsbegrenzung: Legt eine Höchstgrenze für den an einem Tag überweisbaren Betrag per Btx.[344]

Bei der Beurteilung dieser Sicherheitsmaßnahmen bleibt zunächst zu bemerken, daß die Kontonummer nur einen sehr schwachen Schutz darstellt, da diese normalerweise nicht geheimgehalten wird. Die Betragsbegrenzung und die Transaktionsbegrenzung sind keine Maßnahmen zur Verhinderung von Mißbrauch, sondern nur zur Schadensbegrenzung.

Es bleiben also übrig: Anschlußkennung, Persönliches Paßwort, PIN und TAN. Die ersten beiden sind Aufgabe des Online-Dienstes und wurden unter 4.1.1 mit Authentifikation auf Partnerebene beschrieben.

PIN und TAN sind Maßnahmen der Bank gegen Mißbrauch. Die PINs verhindern den Zugriff Unbefugter und die Transaktionsnummern stellen „elektronische Unterschriften" dar[345], erfüllen aber nicht die Kriterien, die unter 4.1.2 an eine digitale

---

[344] Vgl. Altenhövel (1994), S. 29 ff.

[345] Vgl. Altenhövel (1994), S. 33

Unterschrift[346] geknüpft wurden: Sie ist nicht durch den Eigner erzeugt worden und sie kann nur von der Bank auf Echtheit überprüft werden. Das ist allerdings in diesem Fall nicht problematisch: Da die Transaktionsnummern nur zwischen Kunde und Bank eingesetzt werden, reicht es aus, wenn die Bank sie auf Echtheit überprüfen kann. Maßnahmen zur Sicherstellung der Empfangsverbindlichkeit wurden nicht implementiert.

Da in diesem System keine Verschlüsselung der Daten stattfindet, kommt es für die Sicherheit entscheidend darauf an, daß die Datenübertragungswege sicher sind.

Internet

Im Internet muß auf die Sicherheitsdienste des Betreibers verzichtet werden, da es keine zentrale Instanz gibt, die die Authentifikation der Teilnehmer übernehmen könnte. Als besonders problematisch wird im Internet häufig empfunden, daß die Daten über eine Vielzahl von offen zugänglichen Netzknoten weitergereicht werden, bis sie beim Kunden sind.[347]

Bank und Kunde können prinzipiell über geeignete Maßnahmen, wie digitale Unterschrift und Verschlüsselung die Sicherheit und die Verbindlichkeit der Daten unabhängig vom zugrundeliegenden Netz realisieren. Die unter 4.1 beschriebenen Verfahren zur Datenverschlüsselung gehen allerdings davon aus, daß die Daten in einer Form vorliegen, die es dem Kunden auch ermöglicht, sie selber zu verschlüsseln. Für E-Mails ist das weitgehend unproblematisch, da es auf dem freien Markt geeignete Verschlüsselungsprogramme gibt, sowohl für die symmetrische, wie auch für die asymmetrische Verschlüsselung. Das bekannteste asymmetrische Programm ist „Pretty Good Privacy" (PGP).[348] Würde der gesamte Bankverkehr über solche Nachrichten abgewickelt, könnten ensprechende Verschlüsselungsverfahren eingesetzt werden, die die Datensicherheit gewährleisten.[349]

Eine andere Situation ergibt sich, wenn die Bankangebote über das WWW genutzt werden sollen. Im HTTP-Protokoll, auf dem das WWW basiert, ist zum derzeitigen Stand erst das Verfahren *Basic Authentification* standardisiert, das nur die Authentizität sicherstellt. Als weitergehenden Schutz wurde von der Firma Netscape das Verfahren *Secure Socket Layer (SSL)* entwickelt. Dieses Verfahren arbeitet mit allen TCP-basierten Protokollen zusammen (also nicht nur HTTP),

---

[346] Digitale und elektronische Unterschrift bedeuten das gleiche.

[347] Vgl. Cook/Sellers (1995), S. 404

[348] Vgl. Schneier (1996), S. 584 ff.

[349] Vgl. Meli (1995), S. 309 ff.

allerdings nur unter der Voraussetzung, daß spezielle Clients und Server vorhanden sind. Bei diesem Verfahren werden zusätzlich zur Authentizität die Vertraulichkeit und die Integrität geschützt.[350]

Die Firma Netscape hat SSL in ihre Borwsersoftware namens Navigator eingebaut und bietet auch den enstprechenden Server an. Aufgrund der US-Gesetze darf diese Software allerdings in der Exportversion nur mit 40 bit verschlüsseln.[351] Hinzu kommt, daß die Generierung der Schlüssel beim Netscape Navigator nur pseudozufällig ist, so daß selbst die 128 bit-Verschlüsselungsvariante angreifbar erscheint.[352]

Eine Alternative zu SSL stellt das Protokoll Secure HTTP (S-HTTP) dar, bei dem die gewöhnlichen HTTP-Nachrichten gekapselt werden. Diese können wahlweise verschlüsselt oder signiert werden, bzw. verschlüsselt und signiert werden. Da dieses Verfahren auf der Anwendungsebene angesetzt ist, ist es für den Anwender sichtbar und er kann es beeinflussen, z.B. durch die Möglichkeit der digitalen Unterschrift, die SSL nicht bietet. Zudem eröffnet S-HTTP Möglichkeiten zur Überprüfung der Datenintegrität und gegen das Abfangen und verzögertes Weiterleiten einer Nachricht. S-HTTP unterstützt eine Reihe verschiedener asymmetrischer und symmetrischer Verfahren und ist bisher nur in Beispielanwendungen verfügbar und zwar - aufgrund der Exportgesetze - nur in den USA[353].

Alternativ soll noch die Möglichkeit der Absicherung durch Firewalls kurz skizziert werden:

Wenn bestimmte Server gegen die unbefugte Nutzung gesichert werden sollen, kann das durch die Implementierung von Firewalls geschehen. Firewalls schirmen eine Rechnernetz von der Außenwelt ab, so daß nur von autorisierten Rechnern auf das System zugegriffen werden kann.[354] Voraussetzung ist, daß die Absenderadressen der IP-Pakete immer richtig sind, was für den Fall eines versierten Angreifers nicht garantiert werden kann.[355] Zudem ist dieses Verfahren für das Online-Banking ungeeignet, da es hier ja gerade darum geht, daß Angebote von einem breiten Kreis genutzt werden können.

---

[350]Vgl. Klute (1995), S. 136 ff.

[351]Um diese Verschlüsselung zu knacken, wurden in Tests einmal 8 Tage und einmal 32 Stunden benötigt. (Vgl. Anderer (1995), S. 23 und Klute (1995); S. 140 f.) Es gibt allerdings außerhalb der USA nachentwickelte SSL-Programme. (Vgl. Anderer (1995), S. 24)

[352]Vgl. Klute (1995), S. 142

[353] Vgl. Klute (1995), S. 142 f.

[354]Vgl. Cheswick (1994), S. 53 f.

[355]Vgl. Klute (1995), S. 139

Das bedeutet abschließend, daß die Sicherheit im Internet bezogen auf Nachrichten (E-Mails) bereits möglich ist, zu einer komfortableren und auch das WWW einschließenden Sicherung sind allerdings noch weitere Schritte, insbesondere außerhalb der USA, notwendig.

7 Bewertung Online-Banking

Aufbauend auf den im vorigen Kapitel durchgeführten Marktvergleich, soll in diesem Kapitel untersucht werden, ob sich die Verwendung von Online-Diensten für Banken und Kunden lohnt. Anknüpfungspunkt sind die unter 3.1.1 und 3.1.2 formulierten Ziele. Für die Betreiber erfolgt keine eigene Betrachtung, da es aus ihrer Sicht unwichtig ist, ob Finanzleistungen oder andere Transaktionen über ihr Netz abgewickelt werden und sie somit im Rahmen des Online-Bankings keine speziellen Leistungen erbringen.

7.1 Diensteanbieter

In diesem Abschnitt werden zunächst die grundsätzlichen Schwierigkeiten bei der Bewertung aufgezeigt und dann die Bewertung für das Online-Banking und die Kommunikation getrennt vorgenommen.

7.1.1 Grundsätzliche Schwierigkeiten bei der Bewertung

Für die Beurteilung des Erfolgs eines neuen Mediums wie Online-Banking ist die Akzeptanz von entscheidender Bedeutung. Da aber die Akzeptanz und die technologische Entwicklung bei neuen Medien immer einen gewissen Unsicherheitsgrad aufweisen, ist die Beurteilung des Erfolgs- und Ertragspotentials ein schwieriges und komplexes Unterfangen. Für die Betroffenen ergibt sich dabei häufig ein Interessenkonflikt zwischen Wettbewerbs- und Imageüberlegungen auf der einen Seite und rationalen wirtschaftlichen Kriterien auf der anderen Seite. Tendenziell neigen Unternehmen häufig dazu, neue Medien unkritisch einzusetzen, um eventuelle Wettbewerbsnachteile zu vermeiden und bei den Kunden als innovatives Unternehmen zu gelten.[356]

Nach Ausführungen unter 5.1.1 zur Bedeutung des Image für Banken, kann man davon ausgehen, daß Überlegungen dieser Art für Banken insbesondere gelten. D. h. die Wirtschaftlichkeitsrechnung kann bei der Nutzung von Online-Diensten u. U. hintenanstehen, wenn man sich über das verbesserte Image eine Kompensation verspricht, oder dem Wettbewerb folgt („Me-too-Effekt").[357] In diesem Zusammenhang werden neue Technologien häufig eingesetzt, um Erfahrungen mit dem

---

[356] Vgl. Hafner (1988), S. 11

[357] Vgl. Meyer zu Selhausen (1992), S. 870

neuen Medium zu sammeln und bei einer positiven Entwicklung auf diesen Erfahrungen aufbauen zu können.[358] Andererseits gilt es bei der Einführung neuer Medien auch zu bedenken, daß damit häufig erhebliche personelle und finanzielle Aufwendungen verbunden sind.[359] Vor diesem Hintergrund soll im folgenden die Bewertung an den beiden Hauptanwendungen von Online-Diensten - Zahlungsverkehr und Werbung, wie im Marktvergleich ermittelt - festgemacht werden.

7.1.2 Online-Banking

Der Einsatz von Online-Banking hat Auswirkungen in bezug auf die Kunden und auf die Leistungserstellung. Die beiden Aspekte werden getrennt behandelt.

Qualitätsaspekte

Mit dem Vetrieb ihrer Produkte über den zusätzlichen Absatzweg T-Online bietet die Bank ihren Kunden ein qualitativ höherwertiges Angebot, da sie ihre Betriebs- und Lieferbereitschaft erhöht und dem Kunden zudem eine höhere Bequemlichkeit ermöglicht.[360]

Durch die erhöhte Qualität kann die Bank Kunden für sich gewinnen. Andererseits besteht die Gefahr, daß bei elektronischem Vertrieb die Bankprodukte ihre Sonderstellung verlieren und daher die Beziehung zwischen Kunde und Bank abnimmt.[361]

Festzuhalten bleibt, daß die Banken dem Kunden durch Vetrieb über T-Online ein neues Angebot in höherer Qualität machen können. Aufgrund des intensiven Wettbewerb, ist davon auszugehen, daß unter Verzicht auf ein solches Angebot Kunden an die Konkurrenz verloren werden, man somit die ggf. abnehmende Kunde-Bank-Bindung akzeptieren muß.

Kostenaspekte

Ausgehend von den unter 3.1.2 formulierten Zielen, stehen die Zahlungsverkehrstransaktionen im Mittelpunkt des Interesses. Daher erfolgt die Bewertung anhand dieses Bereiches. Der Hauptfall des Zahlungsverkehrs ist die Überweisung,

---

[358] Vgl. Bartmann/Wörner (1996), S. B 2

[359] Vgl. Hafner (1988), S. 11

[360] Vgl. König (1982), S. 36 f.

[361] Vgl. Bartmann (1995), S. 7

die daher hier Gegenstand der Betrachtung sein soll.[362] Folgende Kosten können unterschieden werden:

- Kosten der Systemerstellung,

- Kosten des Rechnerbetriebs.[363]

Die Aufwendungen hierfür sind ebenso wie die Einsparungen von den individuellen Gegebenheiten der Kreditinstute abhängig.

Exemplarische Rechnungen zeigen, daß eine Überweisung über T-Online wesentlich billiger ist, als über den Schalter. Konkret ergab sich in einem Fall ein Wert von 2,50 DM für eine beleghafte Überweisung und von 0,40 DM für eine beleglose.[364] In einem anderen Fall wurden 1,80 DM für die beleghafte Überweisung und 0,30 DM für die beleglose Überweisung ermittelt.[365]

Diese Beispiele zeigen, daß sich die Rationalisierungsbestrebungen der Banken über Online-Banking realisieren lassen.

7.1.3 Kommunikationspolitik

Zu den Kosten des Rechnerbetriebs und der Systemerstellung kommen in diesem Fall noch die Kosten für das Informationsangebot hinzu.[366] Die Präsenz im WWW kostet die Banken einmalig 150.000 bis 200.000 DM, wobei die Kosten für die Konzeption des Informationsangebots eingerechnet sind. Der laufende Betrieb kann mit 10.000 bis 20.000 DM veranschlagt werden.[367]

Zum Werbenutzen des Internets kann im Vergleich zu anderen Werbemedien der *Tausender-Preis* herangezogen werden, der für das WWW wie folgt definiert werden kann[368]:

$$\text{Tausender - Preis} = \frac{\text{Kosten je WWW - Seite in einem Zeitraum} * 1000}{\text{Zahl der Abrufe pro Seite im Zeitraum}}$$

Ausgehend von der positiven Wirkung einer Präsenz im Internet und der Möglichkeit Erfahrungen für eine in Zukunft möglicherweise weitergehende Nutzung des Internet zu sammeln, ist ein Angebot im WWW also durchaus sinnvoll, zumal

---

[362] Vgl. Hafner (1988), S. 196 f.

[363] Vgl. Hafner (1988), S. 197

[364] Vgl. Bartmann/Wörner (1996), S. B 2

[365] Vgl. Feldmann/Hardtke (1994), S. 565

[366] Vgl. Hafner (1988), S. 197

[367] Vgl. Bartmann/Wörner (1996), S. B 2

[368] Vgl. Meffert (1983), S. 84

wenn man der Ansicht von *Bartmann/Wörner*[369] folgt, die die oben veranschlagten Kosten für gering halten. Unter Berücksichtigung der Ergebnisse des oben durchgeführten Marktvergleichs, die ein schwerpunktmäßig auf Selbstdarstellung beschränktes Angebot der Banken zeigen, ist m. E. das Sammeln von Erfahrungen der Hauptvorteil. Eine positive Imagewirkung setzt ein qualifiziertes und attraktives Angebot voraus, das nur wenige Banken aufweisen.

7.2 Dienstenachfrager

In diesem Abschnitt soll die Frage geklärt werden, ob sich die Abwicklung der Bankgeschäfte über Online-Dienste für den Kunden lohnt. Als Online-Dienst kommt in diesem Fall nur der Btx-Dienst von T-Online in Frage, da bislang allein über ihn Bankgeschäfte von einem breiten Kundenkreis durchgeführt werden können. Daher gehen die anderen Dienste nicht in diese Betrachtung ein.

7.2.1 Qualitative Auswirkungen

Die qualitativen Vorteile der Kontoführung über T-Online sind:

- Die höhere Verfügbarkeit über die Öffnungszeiten der Bank hinaus.

- Höhere Bequemlichkeit, da die Bankgeschäfte von zu Hause durchgeführt werden können, daher auch keine Wartezeiten am Schalter mehr.

- Bei der Wahl einer Bankverbindung ist der Standort weniger wichtig, die Konditionen sind entscheidend.

- Schnellere Wertstellung bei Überweisungen.

- Höhere Diskretion.[370]

Nachteilig kann für den Kunden sein, daß über den Online-Dienst keine persönliche Beratung erfolgt. Das ist insbesondere dann zu beachten, wenn er Kunde einer Direktbank ist und ihm somit der traditionelle Vetriebsweg nicht alternativ zur Verfügung steht.

7.2.2 Kostenvergleich

Für die Dienstenachfrager kann eine Kosten-Nutzen-Analyse dergestalt durchgeführt werden, daß die Kosten die für die traditionelle Abwicklung der Bankgeschäfte anfallen, denen gegenübergestellt werden, die für die Abwicklung über Online-Dienste zu entrichten sind. Dies ist eine rein finanzielle Betrachtungsweise,

---

[369] Vgl. Bartmann/Wörner (1996), S. B 2

[370] Vgl. für die Aufzählung Scheuerer (1995), S. 13

die qualitativen Aspekte aus 6.2.1 werden dabei nicht einbezogen. Verschiedene Probleme sind zu berücksichtigen:

Sollen die nutzungsunabhängigen Kosten (Grundgebühr) für den Online-Dienst in die Kalkulation einbezogen werden, wenn ja ganz oder nur teilweise? Sollen die Anschaffungskosten für die Hardware einbezogen werden? Zudem stehen den verschiedenen Bankgebühren der einzelnen Kreditinstitute auch unterschiedliche Online-Gebühren gegenüber, wodurch ein Kostenvergleich für jede Bank anders ausfällt.

Das erste Problem kann dahingehend gelöst werden, daß zweigeteilt vorgegangen wird, indem jeweils eine eigene Betrachtung für einen Kunden durchgeführt wird, der T-Online nur für die Erledigung seiner Bankgeschäfte nutzt und für einen Kunden der T-Online ohnehin schon nutzt. Die Hardware wird im folgenden als vorhanden vorausgesetzt, da es sich für einen Privatkunden finanziell nicht lohnen kann, einen PC nur für die Bankgeschäfte anzuschaffen.

Bleibt das Problem der unterschiedlichen Gebühren der Banken. Dieses Problem ist insbesondere relevant, da der unter 6.1.2 durchgeführte Marktvergleich gezeigt hat, daß viele Kreditinstitute - unter ihnen die Großbanken Deutsche Bank und Commerzbank - ihren Kunden Servicepakete anbieten, in deren Rahmen für Einzelbuchungen keine Gebühren anfallen. D. h. in diesen Fällen, kann mit der Nutzung von Online-Banking kein finanzieller Vorteil über günstigere Buchungen erzielt werden.

Es macht an dieser Stelle keinen Sinn zu ermitteln, wieviel die Kontoführung über T-Online durchschnittlich billiger ist, da es für den einzelnen Kunden darauf ankommt, wieviel er ggf. bei *seiner* Bank über T-Online weniger bezahlen muß. Für einen Kunden der eine neue Bank sucht, gilt entsprechend, daß ihn nur die anfallenden Kosten interessieren und nicht die Ersparnis im Vergleich zur traditionellen Abwicklung.

Es können grundsätzlich die folgenden Kosten unterschieden werden:

• Kontoführungsgebühren,

• Buchungsgebühren und

• Nutzungskosten des Online-Dienstes, in Form von Telekommunikationskosten und Entgelte an den Online-Dienst.[371]

---

[371] Vgl. für die Aufzählung Scheuerer (1995), S. 10 ff.

Der Marktvergleich hat gezeigt, daß sich die Kontoführungsgebühren bei Nutzung von T-Online nicht unterscheiden, die einzelnen Buchungen aber von einigen Instituten billiger angeboten werden.

Die bei der Abwicklung über T-Online entstehenden Telekommunikationskosten stellen sich wie folgt dar:

Tarif	Zeit für eine 0,12 DM-Einheit	Kosten/Stunde
Standard (9.00 -18.00 Uhr)	90 Sek.	4,80 DM
Freizeit (18.00 - 21.00 Uhr)[372]	150 Sek.	2,88 DM
Abend (21.00 - 5.00 Uhr)	240 Sek.	1,80 DM

Abbildung 13: Telefonkosten im Ortstarif[373]

Die Kosten für die Inanspruchnahme von T-Online sind unter 6.3.3 dargestellt worden: 8,00 DM Monatsgebühr und 0,06 DM pro Minute von 8-18.00 Uhr bzw. 0,02 DM pro Minute sonst.

Unter der Annahme, der Kunde bekommt die Online-Überweisung um 0,50 DM billiger, bei sonst gleichen Gebühren, was der höchsten Einsparung bei den im Marktvergleich betrachteten Banken entspricht, dann benötigt er 16 Buchungen, bis er die 8,00 DM monatliche Gebühren für T-Online kompensiert hat. Anders ausgedrückt lohnt sich für Bankkunden, die nur wegen des Btx-Bankings T-Online-Kunde sind und die weniger als 16 Buchungen pro Monat durchführen, Btx-Banking aus finanziellen Erwägungen selbst unter der gemachten Annahmen - 0,50 DM Einsparung pro Buchung - schon aufgrund der Grundgebühr nicht.

Unter der Annahme, daß pro Buchung vier Minuten notwendig sind, kommen die unter 6.3.3 detailliert aufgeführten zeitabhängigen Gebühren, von 0,20 DM (0,12 DM+4*0,02 DM) für vier Minuten nach 21.00 Uhr, bzw. 0,60 DM (3*0,12 DM+4*0,06 DM) in der Zeit von 9.00 bis 18 Uhr.

Unter den Prämissen, daß eine konventionelle Buchung 0,50 DM kostet, eine Online-Buchung 0,00 DM, die sonstigen Kontogebühren gleich sind und jede Sitzung vier Minuten dauert, kann für den Fall, daß pro Sitzung eine Überweisung

---

[372] Am Wochenende und an Feiertagen von 5.00 bis 21.00 Uhr

[373] Quelle: Altenhövel (1994), S. 44

getätigt wird, die folgende Gleichung für die Nachtnutzung aufgestellt werder (T=Anzahl der Transaktionen):

$$T*0,50 \text{ DM} = T*0,20 \text{ DM} + 8,00 \text{ DM}$$

$$\Leftrightarrow \quad T \approx 27$$

Als Resultat ergibt sich, daß bei ausschließlicher Nachtnutzung sich der Einsatz von Btx-Banking ab 27 Überweisungen lohnt.

Ausgehend vom Tagtarif, aber unter sonst gleichen Bedingungen erhält man:

$$T*0,50 \text{ DM} = T*0,60 \text{ DM} + 8,00 \text{ DM}$$

Diese Gleichung besitzt keine positive Lösung, d. h. eine Einzelbuchung is tagsüber - die Telekommunikationskosten eingerechnet - über Btx teurer als eine konventionelle Buchung. Selbst wenn die monatliche Grundgebühr außen vo lassen, kostet eine Überweisung tagsüber noch mehr als auf dem konventionellen Weg, da - unter Zugrundelegung der vierminütigen Onlinezeit - allein die Telefon kosten mit 0,60 DM ins Gewicht fallen. Unter diesen Umständen ist Btx-Banking auch für solche Kunden nicht finanziell vorteilhaft, die ohnehin T-Online-Nutze sind.

Als Ergebnis kann festgehalten werden, daß bei den Banken, die ihren Kunden ei Servicepaket anbieten, die Kontoführung über T-Online unter keinen Umstände günstiger ist. Für die anderen Kunden hängt es davon ab, wieviel das Online-An gebot billiger ist, wieviele Transaktionen getätigt werden und der Zeit zu der di Transaktionen getätigt werden.

D. h. im Vergleich der direkten Kosten, ist das Banking über T-Online nur unte sehr speziellen Umständen kostengünstiger. Der Vorteil in bezug auf die Koste liegt daher eher darin, daß der Kunde eine größere Auswahl unter den Bank hat, d er sich nicht mehr auf die Banken in seiner Nähe beschränken muß, sondern vo den besten Konditionen ausgehen kann. Für den überwiegenden Teil der Bank kunden gilt somit, daß der Umstieg auf Online-Banking nicht mit Kostenvorteile verbunden ist.

Um die finanzielle Vorteilhaftigkeit des Angebots zu erhöhen, gibt es Banken, d spezielle Zugänge zu T-Online anbieten, über die der Kunde nur das Angebot d eigenen Bank nutzen kann. Die Banken übernehmen dann für den Kunden die T Online-Monatsgebühr und das zeitabhängige Nutzungsentgelt.[374]

---

[374] Vgl. o. V. (1995a), S. 18

8 Spezialfall: Elektronisches Geld

Bei der Beurteilung von Bankleistungen auf ihre grundsätzliche Eignung für das Online-Banking wurde unter 5.1.1 die technische Beschränkung „Bargeld" festgestellt, die auf die bisher exklusive Bindung von Bargeld in Papier zurückgeführt werden kann. Zur Lösung dieses Problems ist es notwendig, ein netzfähiges Äquivalent zum Bargeld zu entwickeln. Zur Zeit werden verstärkt solche Bestrebungen unternommen, allerdings weniger von Banken, als von Unternehmen, die ihre Leistungen im Internet anbieten und sich bisher vor das Problem der Abrechnung dieser Leistungen gestellt sehen.[375]

8.1 Konzepte zum Bezahlen im Internet

Die bisher in den Online-Diensten verwendeten Zahlungsverfahren können wie folgt unterteilt werden:

- Bezahlung außerhalb des Netzes, z. B. über Mitgliedsbeiträge.

- Bezahlung über Kreditkarten: Der Zahlende sendet dem Zahlungsempfänger die notwendigen Informationen über das jeweilige Netz. Dies kann entweder unverschlüsselt oder verschlüsselt geschehen.

- Zahlungen unter Einschaltung einer dritten Partei, z. B. indem der Betreiber das Inkasso übernimmt.

- Verwendung von elektronischem Geld.[376]

Die Bezahlung außerhalb des Netzes eignet sich nur für längerfristige Kundenbeziehungen und nicht für Spontankäufe. Mit der Bezahlung über Kreditkarten geht zunächst das Problem der Sicherheit einher, davon abgesehen ist aber das Bezahlen mit Kreditkarte auch mit Kosten verbunden, die das Bezahlen mit Kreditkarte für kleinere Beträge unwirtschaftlich machen. Bei der Einschaltung einer dritten Partei laufen bei dieser alle Zahlungsverkehrsdaten des Kunden zusammen, was in bezug auf die Anonymität nicht erwünscht ist.[377]

Für Banken ist die Möglichkeit „elektronisches Geld" am interessantesten. Wenn es gelingt, in Online-Diensten einen wirklichen Ersatz für Bargeld zu schaffen, ergeben sich für Banken neue Möglichkeiten. Zum einen eröffnet sich ihnen ein neuer

[375]Vgl. Petersen/Simon (1995), S. 40

[376]Vgl. Digicash (o. J.), WWW-Seite

[377]Vgl. Petersen/Simon (1995) und Digicash (o. J.), WWW-Seite

Vertriebsweg für Geld und zum anderen ist die Frage, wer in einem solchen Fall als Emittent von Geld auftritt unter Umständen neu zu beantworten. An dieser Stelle ist auf die Auffassung *von Hayeks* hinzuweisen, daß aus ökonomischer Sicht das Monopol der Staaten und ihrer Regierungen für die Geldversorgung nicht begründet ist.[378] Für Online-Dienste gilt, daß eine internationale Währung dem internationalen Charakter dieser Netze wesentlich eher Rechnung trägt, als die Bezahlung in der jeweiligen Landeswährung.[379]

8.2 Anforderungen an Elektronisches Geld

Das Thema „Elektronisches Geld" wird im Zusammenhang mit sog. Wertkarten intensiv diskutiert. Bei diesen Wertkarten wird der entsprechende Wert in Form von elektronischen Werteinheiten im voraus auf die Karte übertragen.[380] Die Anforderungen, die an ein solches System gestellt werden sind im Prinzip die gleichen, die an Elektronisches Geld in Online-Diensten gestellt werden können. Die Forderungen sind im einzelnen:

- Umfassender Einsatz und allgemeine Akzeptanz: Da derartiges Geld nicht wie das Notenbankgeld gesetzliches Zahlungsmittel ist, besteht kein Annahmezwang. Damit sich der Einsatz eines solchen Zahlungsmittels für die Kunden lohnt, ist es notwendig, daß es von einer Vielzahl von Annahmestellen akzeptiert wird und nicht für unterschiedliche Stellen verschiedene elektronische Währungen vorgehalten werden müssen. Das wäre nachteilig, weil jeweils Liquidität gebunden würde.

- Kein zwingender Rücklauf zum Herausgeber: Bargeld besitzt den Vorteil, daß es vom Zahlungsempfänger zu eigenen Zahlungen weiterverwendet werden kann. Ein elektronisches Geld, das einen vollwertigen Bargeldersatz darstellt, muß somit auch diesem Kriterium genügen.

- Fälschungsschutz: Die umfangreichen Sicherungsmaßnahmen, die zur Verhinderung des Fälschens von Banknoten ergriffen werden und die zumindest der emittierenden Notenbank stets ermöglichen die Echtheit einer Banknote festzustellen, funktionieren mit elektronischen Werteinheiten so nicht. Elektronische

---

[378]Vgl. Hayek (1977), S. 6

[379] Die weltweite Abrechnung in US-Dollar stellt im Zusammenhang mit den unterschiedlichen Wechselkursen keine Lösung dar. Der internationale Online-Dienst CompuServe ist seit 1996 dazu übergangen in Deutschland in Deutsche Mark abzurechnen. (Vgl. CompuServe-Information (1996))

[380]Vgl. Friedrich/Möker (1995), S. 1

Werteinheiten sind als Kopie nicht vom Original zu unterscheiden. Daher muß der Fälschungsschutz auf anderem Wege sichergestellt werden.

- Anonymität: Dieses vom Bargeld erfüllte Krtiterium ist aus Sicht des Verwenders wünschenswert und vereinfacht die Transaktionen.

- Vertrauenswürdiger Herausgeber: Wird elektonisches Geld von privaten Unternehmungen wie Banken herausgegeben, besteht im Gegensatz zum Geld der Notenbanken ein Bonitäts- und Liquiditätsrisiko des Emittenten. Dieser könnte in Konkurs gehen oder unter Umständen nicht in der Lage sein, das elektronische Geld auf Wunsch in Notenbankgeld einzutauschen.[381]

An Verfahren zur Bezahlung in Online-Diensten müssen je nach Anwendungsbereich weitere Anforderungen gestellt werden. Zu den genannten kommt in bezug auf das Internet die Integrationsfähigkeit in WWW-Seiten hinzu.[382]

Ein Zahlungsmittel, das die genannten Kriterien erfüllt, kann dann im Internet als Ersatz für Bargeld dienen. Im folgenden soll das Konzept dargestellt werden, das als einziges zur Zeit verwendetes Abrechnungsverfahren in Online-Diensten in der Lage ist, die genannten Anforderungen zu erfüllen.

8.3 Elektronisches Geld am Beispiel Ecash

Dieses von David Chaum entwickelte Konzept baut auf der Verschlüsselung mit öffentlichen Schlüsseln auf und fügt sich in ein Gesamtkonzept ein, das unter 4.1.4 skizziert worden ist. Für den Bereich des elektronischen Zahlungsverkehrs soll es die folgenden zwei Problembereiche angehen:

Zum einen soll verhindert werden, daß die Betreiber von EDV-gestützten Zahlungsverkehrssystemen umfassende und aufschlußreiche Informationen über einzelne Bürger sammeln können und andererseits sollen die grundsätzlichen Probleme von Banknoten, die sich durch ihre schwer nachvollziehbare Herkunft für Bestechung, Erpressung und Schwarzmarktkäufe eignen, vermieden werden.[383]

Das Verfahren verwendet den RSA-Algorithmus und funktioniert grundsätzlich wie folgt:

Voraussetzung ist, daß eine geldausgebende Bank existiert, die über einen Schlüssel mit öffentlichem Teil (n,e) und geheimen Teil d verfügt. Wenn nun der Bank-

---

[381]Vgl. für die Aufzählung Friedrich/Möker (1995), S. 4-6

[382]Vgl. Borchers (1995), S. 30

[383]Vgl. Chaum (1987), S. 268

kunde ein elektronisches Geldstück benötigt, erzeugt er zunächst Rohmaterial, indem er:

- Eine Zahl v wählt, die ein Äquivalent für eine Banknotennummer darstellt und

- zur Verschleierung eine Zahl c wählt, die kleiner ist als n und zu n teilerfremd.

- Der Kunde bildet dann durch zweimaliges Hintereinanderschreiben von v die Zahl w.

- Dann bildet der Kunde $s=c^e*w$ mod n als anonymisierte Banknotennummer und übergibt sie der Bank, damit diese daraus ein „Geldstück" herstellt.[384]

Die Bank bildet dann eine Art Rohmünze

$$t=s^d \text{ mod n,}$$

die sie an den Kunden sendet. Der Wert der Münze hängt vom Schlüssel d der Bank ab, die für jede Münzgröße einen eigenen Schlüssel benötigt[385]. Wenn jetzt der Kunde bezahlen will, entfernt er die Verschleierung durch

$$m=tc^{-1} \text{ mod n.}[386]$$

Bis zur Entschleierung ist die Geldmünze gegen Diebstahl geschützt.[387]

Wenn jetzt mit dieser Münze bezahlt werden soll, wendet der entsprechende Händler den öffentlichen Schlüssel der Bank an. Die Münze ist echt, wenn sie aus einer sich wiederholenden Ziffernfolge besteht. Der Händler reicht dann die Münze bei der Bank ein, die die Echtheit auf die gleiche Weise prüft, wie zuvor der Händler und merkt sich dann v, damit dieselbe Münze nicht mehrfach eingereicht werden kann. Die Bezahlung beim Händler und das Einreichen bei der Bank sollte zeitgleich geschehen, damit auch der Händler sicher sein kann, daß die Münze noch nicht verwendet wurde.[388]

---

[384]Vgl. für die Aufzählung Pommerening (1991), S. 184

[385]Diesen Umstand verschweigt Pommerening (1991), bei ihm wird nicht deutlich, daß der Wert der Münze vom Schlüssel abhängt. Chaum (1987) erwähnt dies indirekt, indem er von der Prägung durch einen speziellen Betragsschlüssel spricht. Allerdings wirft das Fragen für die praktische Umsetzung auf: Werden bei diesem Verfahren von der Bank für jede erdenklichen Betrag (ggf. bis zu einer Obergrenze) Schlüssel vorgehalten. Wenn sich der Kunde vor dem Kauf entsprechende Münzen auf Vorrat signieren läßt, bekommt er beim Kauf Wechselgeld? Oder sollen die Münzen so klein geprägt werden (z. B. 1,- DM), daß aus einer genügenden Anzahl von Münzen jeder Betrag zusammengesetzt werden kann?

[386]Wegen: $m=s^{d}c^{-1}=c^{ed}w_dc^{-1}=w^d$ mod n

[387]Vgl. Pommerening (1991), S. 184 und Chaum(1987), S. 270

[388]Vgl. Pommerening (1991), S. 184

Bei diesem Verfahren bleibt der Kunde der Bank gegenüber anonym, da diese die Banknoten ja verschleiert signiert hat. Aber auch gegen Diebstahl oder Erpressung schützt das Verfahren. In einem solchen Fall wendet sich der Kunde an seine Bank, in dem er ihr v mitteilt. Die Bank sperrt dann die betreffende Nummer umgehend, der Dieb oder Erpresser wird identifiziert.[389]

Zusammenfassend beruht dieses Verfahren auf der *Kennzeichnung* durch Numerierung, die vor Mißbrauch schützt, *Anonymisierung* durch Verschleierung, die den rechtmäßigen Besitzer vor Ausspähung schützt und der *Verschlüsselung*, die die Bank vor Falschmünzerei schützt.[390]

Nachdem David Chaum bereits 1985 das oben vorgestellte Konzept in seinen Grundzügen entwickelt hatte, wurde darauf aufbauend 1994 von seiner Firma Digicash ein Versuch mit einer derartigen elektronischen Währung unternommen, die „Cyberbuck" genannt wurde. Diese Cyberbucks können jedoch nicht in Notenbankgeld getauscht werden.[391]

Ein grundsätzlicher Fortschritt ergab sich, als sich die amerikanische Mark Twain Bank als erste Bank bereit fand „ecash" auszugeben. Auf diesem Wege sind erstmals wirkliche, d. h. durch eine Bank garantierte, Zahlungen über eine eigene Internet-Währung[392] möglich.[393]

Der Kunde benötigt für dieses Verfahren eine spezielle Software, den sog. „ecash-Client", der das oben beschriebene Verfahren zur Münzerzeugung mit der Bank regelt. Zahlungen können dann in einem vorher genehmigten Rahmen automatisch bei Abruf eines entgeltpflichtigen Angebots erfolgen, ohne daß der Benutzer sie extra bestätigen muß. Falls der Kunde nicht über genügend Geld verfügt, kann er noch während der Zahlungsaufforderung von seinem ecash-Konto abheben.[394]

Eine andere Möglichkeit ist, ein einem Scheck vergleichbares Formular auszufüllen, das die Transferierung von ecash veranlaßt, also einer Überweisung entspricht. Der Empfänger kann das so erhaltene ecash für eigene Zahlungen weiter-

---

[389]Vgl. Pommerening (1991); S. 185

[390]Vgl. Pommerening (1991), S. 185

[391]Vgl. Digicash (WWW-Seite 2)

[392]Das Konzept kann auch in jedem anderen Online-Dienst umgesetzt werden. (Vgl. Digicash WWW-Seite 2)

[393]Vgl. Puschmann (1996), S. 1 f. und Digicash (WWW-Seite 2)

[394]Dieses Verfahren löst auch das oben angesprochene Wechselgeldproblem. Der Kunde kann jeweils während der Zahlungstransaktion ecash im gewünschten Betrag erhalten. Der kleinste Betrag liegt bei 1 Cent. (Vgl. Mark Twain Bank (1996), E-Mail)

verwenden, oder er zahlt es bei seiner Bank auf sein entsprechendes ecash-Konto ein.[395]

In der Praxis wird das bei der Marc Twain Bank so geregelt, daß der Kunde bei der Bank zwei Konten hat, ein ecash-Konto und ein damit fest verbundenen World Access Account (WAA) mit konventionellem Geld. Wenn jemand realen Geld auf sein ecash-Konto transferieren will, muß er es auf das WAA überweisen Diese WAA-Konten können bei der Mark Twain Bank in 25 verschiedenen Währungen geführt werden.[396]

Das ecash wird bereits von vielen Firmen weltweit zur Zahlung im Internet akzeptiert.[397]

Die Vorteile von ecash gegenüber konkurrierenden Verfahren liegen darin, daß es die Anonymität des Zahlenden wahrt und bereits in der Praxis eingesetzt wird Allerdings hat das Verfahren auch Nachteile. Zum einen entsteht ein neues Sicher heitsproblem. Dem Schutz der Daten auf der Festplatte kommt jetzt eine besonder hohe Bedeutung zu. Wenn die Daten gelöscht werden, ist das ecash unwiderruflic verloren. Das heißt, der Computer ist gegen physische Gefahren ebenso abzu sichern, wie gegen Viren oder unsachgemäße Bedienung.

Den etablierten Banken und den Regierungen gefällt zudem nicht, daß bei diesen Verfahren die Erzeugung von Geld in die Hände von privaten Unternehmen - i diesem Fall Digicash - übergeht und es sich - aufgrund der Anonymität - gut zu Geldwäsche eignet. Aus technischen Gründen ist das System zudem dort nich einsetzbar, wo Netze durch Firewalls abgesichert sind.[398]

Die oben formulierten Anforderungen an Bargeld erfüllt es in folgendem Maß:

Mit der Mark Twain Bank ist ein vertrauenswürdiger Emittent vorhanden. D Anonymität bleibt durch die Verschlüsselung gewährleistet, ebenso wie de Fälschungsschutz. Das Geld muß nicht zwingend an die Bank zurückgegeben we den, obwohl das ratsam ist, damit der Kunde es nicht mehrfach ausgeben kann. E sind bislang einige Akzeptanzstellen vorhanden, wobei hier sicherlich noch de Schwachpunkt des Verfahrens liegt. Die Chancen stehen für ecash somit insgesam gut, sich zu einem echten Bargeldersatz zu entwickeln.

---

[395]Vgl. Puschmann (1996), S. 1 f.

[396]Vgl. Puschmann (1996), S. 2

[397] Vgl. Digicash (WWW-Seite 3)

[398]Vgl. Borchers (1995), S. 31

Abschließend kann ecash als zukunftsträchtiges Verfahren zur Bezahlung in Netzen bezeichnet werden, da es zum einen für den Kunden bequem ist und zum anderen aufbauend auf die verwendete Verschlüsselung sicher. Ein weiterer Vorteil ist, daß mit ecash weltweit bezahlt werden kann, die Währung des WAA spielt keine Rolle.

9 Volkswirtschaftliche Betrachtung

In diesem Kapitel wird untersucht, ob sich durch die Abwicklung von Bank-geschäften über Online-Dienste volkswirtschaftliche Implikationen ergeben. Konkret wird überprüft, ob der elektronische Markt ein vollkommener Markt ist und welche Wettbewerbswirkungen sich ergeben.

9.1 Der Elektronische Markt als vollkommener Markt

„Der vollkommene Markt kann ... definiert werden durch das Nicht-vorhandensein sachlicher, persönlicher, räumlicher und zeitlicher Dif-ferenzierungen und das Vorhandensein vollständiger Markttransparenz."[399]

Vollständige Markttransparenz bedeutet, daß Nachfrager und Anbieter über die von der jeweils anderen Partei gesetzten Bedingungen vollständig informiert sind.[400]

Sachliche Differenzierung: In der gegenwärtigen Ausprägung sind die Bank-leistungen nicht grundsätzlich homogen. Wie beim Marktvergleich festgestellt, gibt es im Zusammenhang mit den Online-Banking-Angeboten unterschiedliche Kon-ditionen, so daß Online-Banking als ein Produkt die Anforderung der Homogenität nicht erfüllt. Für die einzelnen Leistungen wie Zahlungsverkehr, kann allerding von sachlicher Unterschiedslosigkeit gesprochen werden, insbesondere, da das Gut Geld letztendlich stets das gleiche ist, wie unter 5.1.1 festgestellt.

Persönliche Differenzierungen: Dieses Kriterium wird bei Geschäftsabwicklung über eine Electronic Mall erfüllt.

Räumliche Differenz: Die Einschaltung der telematischen Systeme, die für den Elektronischen Markt konstituierend sind, sorgt dafür, daß die räumlichen Grenzen wegfallen. Bei der Geschäftsabwicklung auf einem Elektronischen Markt ist der Zugriff auf die telematischen Systeme wesentlich. Unterschieden werden muß hier zwischen Leistungen die innerhalb des telematischen Systems erbracht werden und solchen, deren Auslieferung außerhalb des Systems erfolgt. Für die Leistungen die innerhalb des Systems erbracht werden können, werden werden die räumlichen Grenzen aufgehoben.

[399]Ott (1991), S. 33

[400]Vgl. Ott (1991), S. 33

Zeitliche Differenz: Das Vorhandensein zeitlicher Differenzen wird auf einem Elektronischen Markt ebenfalls aufgehoben. Durch die Verwendung der telematischen Systeme gelten für alle an das System angeschlossenen Teilnehmer die gleichen Bearbeitungs- bzw. Lieferzeiten, es sei denn, es wird extra eine Präferenzordnung eingeführt.

Die *Markttransparenz* wird durch die Vereinfachung der Informationssuche ebenfalls gefördert, die Informationsasymmetrien nehmen ab.[401] Allerdings kann von vollständiger Markttransparenz nur dann gesprochen werden, wenn zum einen alle relevanten Informationen innerhalb des telematischen Systems verfügbar sind, und zum anderen, die Anbieter diese Informationen auch unter vertretbarem Aufwand finden. Hier kommt es auf die unter 2.4 definierten Recall- und Precisionwerte der Informationssysteme an. Für das Online-Banking gilt, daß die Transaktionskosten[402] auf einem Elektronischen Markt geringer sind und daher von einer vergleichsweise billigen Informationssuche ausgegangen werden kann, die Markttransparenz somit zunimmt.[403]

Der Elektronische Markt kommt somit einem vollkommenen Markt sehr nahe, ohne ihn jedoch letztendlich zu erreichen. Die Markttransparenz wird zwar erhöht, aber die Verwendung telematischer Systeme allein sorgt noch nicht für vollständige Markttransparenz.

9.2 Wettbewerbswirkungen

Die Wettbewerbswirkungen werden getrennt in nationalen und internationalen Vergleich behandelt.

9.2.1 Nationaler Wettbewerb

Die Wettbewerbssituation der Banken in Deutschland hat sich in letzter Zeit durch das Auftreten von Direktbanken wie der Bank 24 verändert. Bisher kam es im Bankgeschäft vor allem auf die räumliche Nähe zum Kunden an, also auf ein gut ausgebautes Filialnetz. Die neuen Direktbanken kommen hingegen vollständig ohne Filialnetz aus. Ein weiterer den Wettbewerb verändernder Umstand ist das verstärkte Engagement von Nichtbanken in den klassischen Bankgeschäftsfeldern.[404]

---

[401]Vgl. Schmid (1993), S. 468

[402]Transaktionskosten sind die Kosten, die bei der Inanspruchnahme des Marktes entstehen (Vgl. Busse von Colbe et al. (1992), S. 6)

[403] Vgl. Schmid (1993), S. 468 und Albers (1988), S. 368

[404] Vgl. Bartmann (1995), S. 9 f.

Diese Tendenzen werden durch Online-Banking gefördert. Stand bisher im Mittelpunkt der Kunde-Bank-Beziehung der persönliche Kontakt, wird dieser in Zukunft ganz oder teilweise durch die Kommunikation über Medien wie Telefon oder eben Online-Dienste ersetzt werden. Mit dem Verlust der persönlichen Bindung des Kunden an die Bank, wird aber die Bankbeziehung zunehmend austauschbarer. Ob die telematischen Systeme seitens der Bank lokal vorgehalten werden, oder in einem entlegenen Rechenzentrum, macht für den anwendenden Kunden keinen Unterschied. Es ist somit für ihn unerheblich, ob er Kunde eines in seiner Region ansässigen Instituts ist, oder einer Direktbank. Weitergehend ist - Gleichartigkeit der Leistung vorausgesetzt - es für ihn auch unerheblich, ob er seine Geschäfte mit einer Bank oder mit einer Nichtbank, z. B. einer Versicherung tätigt. Zum anderen erhöht die Verwendung von Online-Diensten die Markttransparenz.[405]

Somit kann, mit zunehmendem Einsatz von Online-Diensten zur Abwicklung von Bankgeschäften, von einem erhöhten Wettbewerb zwischen den Banken ausgegangen werden.

9.2.2 Internationaler Wettbewerb

Für die Online-Dienste AOL, CompuServe, EuropeOnline, MSN und insbesondere für das Internet gilt, daß sie weltweit erreichbar sind. Darüber hinaus bestehen Gateways zu den nur nationalen Anbietern wie T-Online. Somit ist die Frage nach der räumlichen Dimension des relevanten Marktes[406] für einen Elektronischen Markts[407] dahingehend zu beantworten, daß die Grenzen des telematischen Systems die räumliche Restriktion darstellen.

Vor dem Hintergrund des von den Banken erwarteten sich verschärfenden internationalen Wettbewerbs[408] kommt den Online-Diensten eine wichtige Bedeutung zu. Bereits jetzt stehen erste amerikanische Banken über das Internet auch ausländischen Kunden offen. So kann das Ecash der Mark Twain Bank in 25 verschiedenen Währungen gedeckt werden und die Aufhauser Bank bietet international Wertpapiergeschäfte an.[409]

Der internationale Wettbewerb um Kunden über Online-Dienste hat also bereits begonnen.

---

405 Vgl. Bartmann (1995), S. 7

406 Vgl. Busse von Colbe (1992), S. 6

407 Hier ist jeweils der Elektronische Markt i.e.S. gemeint.

408 Brentano (1996), S. B 7

409 Vgl. Birkelbach (1995), S. 388

10 Schlußbetrachtung

Online-Dienste werden von den Banken haupsächlich für das Online-Banking genutzt. Mehr als 1.000 Banken geben ihren Kunden die Möglichkeit, ihre Bankgeschäfte über T-Online von zu Hause abzuwickeln. Allerdings wird derzeit erst jedes 50. Konto auf diesem Weg geführt und die Angebote der Banken bleiben oft hinter dem technisch möglichen Angebot zurück.[410]

Daher verfügt das Online-Banking noch über ein großes ungenutztes Potential. Da prinzipiell alle Online-Dienste für Online-Banking geeignet sind, wird Online-Banking schon in naher Zukunft nicht mehr ausschließlich über T-Online möglich sein. Die häufig für das Internet gemachten Einschränkungen bezüglich der Sicherheit, können durch geeignete Maßnahmen, wie Verschlüsselung und digitale Unterschrift, aufgehoben werden. Daher kann man davon ausgehen, daß in Zukunft mehr Banken dem Vorbild der Stadtsparkasse Dortmund folgen und Online-Banking auch über das Internet möglich machen.

Für die Zukunft stellt sich die Frage, ob das Online-Banking zwingend so abgewickelt werden muß, wie es derzeit üblich ist. Beim Online-Banking in seiner jetzigen Ausprägung nehmen Bank und Kunde den Gateway-Dienst des Betreibers in Anspruch und lassen sich direkt verbinden. Alternativ dazu wurde von der Hochschule St. Gallen das bisher erst prototypisch umgesetzte Konzept „TeleCounter" entwickelt, das auf den Verfahren zum allgemeinen Austausch standardisierter Daten aufbaut. Grundlage dieses Verfahrens ist der UN/Edifact-Standard[411], ein internationaler Standard zum branchenübergreifenden elektronischen Datenaustausch. Standardisiert sind für ihn aus dem Finanzbereich der Zahlungsauftrag, die Belastungsanzeige und die Gutschriftsanzeige, demnächst werden darüber hinaus Sammelzahlungsaufträge und Kontoauszüge möglich sein.[412]

Das System hat die folgenden Vorteile gegenüber dem Online-Banking in seiner heutigen Form:

- Die Banken brauchen keine speziellen Programme auf ihren Rechnern zu betreiben, sondern müssen lediglich den Empfang und die Versendung von Nach-

---

[410] Vgl. o. V. (1996f), S. 20

[411] UN/Edifact ist die Akkürzung für United Nations/Electronic Data Interchange for Administration, Commerce and Transport.

[412] Vgl. Mausberg (1995), S. 188 ff.

richten mit dem Kunden sicherstellen. Die Bank verfügt über eine einheitliche Schnittstelle zu allen Kunden, da das Verfahren für gewerbliche Großkunden ebenso geeignet ist wie für Privatkunden.

- Der Kunde kann seine Daten unabhängig vom Rechner der Bank verwalten, er braucht sich nicht um die verschiedenen Programme der Banken zu kümmern. Er erhält ein multibankfähiges System und muß nur noch mit dem Betreiber kommunizieren. Durch die Verwendung eines internationalen Standards kann der Kunde mit derselben Software auch mit ausländischen Kreditinstituten in Verbindung treten. [413]

Hinzu kommt, daß der Kunde nicht mehr Mitglied im gleichen Online-Dienst wie die Bank sein muß. Es reicht aus, daß die UN/Edifact-Nachrichten über Gateways zum Rechner der Bank gelangen können.

Ein anderer Aspekt mit Wirkung auf das Online-Banking ist die Entwicklung von elektronischem Geld, die erst am Anfang steht und wie oben aufgezeigt, für das Online-Banking eine neue Dimension eröffnet.

Somit kann abschließend die folgende Feststellung getroffen werden:

Im Online-Banking liegen noch viele ungenutzte Potentiale. Über das oft unzureichende Angebot der Banken und die noch geringe Akzeptanz bei den Kunden hinaus, gibt es technische Entwicklungspotentiale, die das Online-Banking wie wir es heute kennen für die Zukunft grundsätzlich in Frage stellen.

---

[413] Vgl. für die Aufzählung Mausberg (1995), S. 224 ff.

Literatur- und Quellenverzeichnis

Abels, Heiner (1991): Wirtschafts- und Bevölkerungsstatistik, 3. Aufl., Wiesbaden, 1991

Altenhövel, Michael (1994): Homebanking, Frankfurt am Main; Berlin, 1994

Anderer, Boris (1995): Sicherheit im Internet-Banking, in: geldinstitute, Heft 11-12, 1995, S. 22-29

AOL (1996): in: AOL Pressemappe, 1996

Bank 24 (1995): Wegweiser, Stand: September 1995

Bankseminar (1996): Deutsche Banken im Internet, URL: http://www.uni-koeln.wiso-fak/bankseminar/links/banken.htm

Bartel, Andreas (1995): Online-Anwendungen nutzen mit Datex-J/Bildschirmtext: Homebanking, Teleshopping, Container-Welt, Electronic Mall, Bonn; Reading, Mass., 1995

Bartmann Dieter; Wörner, Gerhard (1996): Die Markteintrittsbarrieren sinken - Konkurrenz für die Filialbanken aus dem Internet, in: Frankfurter Allgemeine Zeitung vom 6.2.96, S. B 2

Bartmann, Dieter (1995): Jetzt den Anschluß nicht verpassen - Auswirkungen der elektronischen Medien auf den Vetrieb von Bankleistungen, in: geldinstitute, Heft 11-12, 1995, S. 6-16

Behrens, Karl-Christian (Hrsg.) (1975): Handbuch der Werbung, 2. Aufl., Wiesbaden, 1975

Birkelbach, Jörg (1995): Financial Services im Internet, in: Die Bank, Heft 7, 1995, S. 388-393

Birkelbach, Jörg (1995a): Jenseits von Zeit und Raum - Internetbanking: Bankgeschäfte auf dem sechsten Kontinent, in: geldinstitute, Heft 9, 1995, S. 18-26

Birkelbach, Jörg (1995b): Hausmannskost - Homebanking und virtuelle Bankgeschäfte, in c't, Heft 12, 1995, S. 260-268

Borchers, Detlef (1995): Pfennigbeträge - Abrechnungs- und Zahlungsmodalitäten im Internet, in: gateway, Heft 9, 1995, S. 30-39

Bourgon, Ariane (1995): Möglichkeiten der Nutzung ausgewählter Telekommunikationstechniken für das Marketing von Kreditinstituten, Ruhr-Universität Bochum, Institut für Kreditwirtschaft und Finanzierung, 1995

Braun, Norbert; Engel, Dieter; Kartmann, Kurt (1995): Datex-J/Btx mit KIT auf dem Weg zu einem multimedialen Dienst, in: sonderdruck aus telekom praxis, Heft 4, 1995, S. 31-38

Brentano, Michael von (1996): Nur eine Handvoll Global Players, in: Frankfurter Allgemeine Zeitung vom 6.2.96, S. B 7

Büschgen, Hans E. (1993): Bankbetriebslehre: Bankgeschäfte und Bankmanagement, 4. Aufl., Wiesbaden, 1993

Busse von Colbe, Walther; Laßmann, Gert (1991): Betriebswirtschaftstheorie 1 - Grundlagen, Produktions- und Kostentheorie, 5. Aufl., Berlin; Heidelberg, 1991

Busse von Colbe, Walther; Hammann, Peter; Laßmann, Gert (1992): Betriebswirtschaftstheorie 2 - Absatztheorie, 4. Aufl., Berlin; Heidelberg, 1992

Chaum, David (1987): Sicherheit ohne Identifizierung - Scheckkartencomputer, die den Großen Bruder der Vergangenheit angehören lassen, in: Informatik-Spektrum, Heft 10, 1987, S. 262-277

Cheswick, William R.; Bellovin, Steven M. (1994): Firewalls and Internet Security - Repelling the Wily Hacker, Reading, Mass., 1994

Claassen, Walter et al. (1986): Fachwissen Datenbanken: Die Information als Produktionsfaktor, Essen, 1986

CompuServe Pressemitteilung (1996): Nr. 06/1996,

CompuServe-Information (1996): vom 09.02.1996,

Cook, David; Sellers, Deborah (1995): Launching a Business on the Web, Inidianpolis, 1995

Deutsche Bank (1995): db-Bildschirmtext, Fassung vom Juli 1995

Digicash (WWW-Seite): Money on the Internet, URL: http://www.digicash.com/ecash/moneyonnet.html

Digicash (WWW-Seite 2): FAQ, URL: http://www.digicash.com/ecash/faq.html

Digicash (WWW-Seite 3): Digicash Ecash - Cybershpos alphabetical list, URL: http://www.digicash.com/shops/alpha.html

DINO (1996): Unternehmen - Banken und Finazen; URL: http://gwdg.de/~ifbg/go13cb.htm

Dorner, Herbert (1992): Elektronisches Zahlen, Frankfurt am Main, 1992

Dratva, Richard (1995): Elektronische Informationsdienste: Zukunftsweisende Konzepte und prototypische Umsetzung im Bankenbereich, in: Schmid, Beat (Hrsg.): Electronic Mall: Banking und Shopping in globalen Netzen, Stuttgart, 1995, S. 95-180

Dresdner Bank (1995): Der direkte Draht zur Dresdner Bank - Alles über Telebanking, Stand 2/95

Etzkorn, Jörg (1991): Rechtsfragen des internationalen elektronischen Zahlungsverkehrs durch S.W.I.F.T., Berlin; New York, 1991

Europe Online (1996): Hintergrundinformationen zu Europe Online, Pressemitteilung

Europe Online (1996a): Neu auf der Cebit, Europe Online präsentiert Homebanking, Pressemitteilung

Feldmann, Heinz/Hardtke, Matthias (1994): Vorstufe zum multi-funktionalen Konto: Giro light, in: Betriebswirtschaftliche Blätter, Heft 11, 1994, S. 564-565

Förster, Dieter (1996): Mehr als Bildschirmtext, in: Inside online, Heft 1, 1996, S. 15

Förster, Dieter (1996a): CompuServe: Der etablierte Profi-Dienst, in: inside online, Heft 1, 1996, S. 15

Förster, Dieter (1996b): AOL: Consumer Dienst mit starkem US-Angebot, Heft 1, 1996, S. 11

Förster, Dieter (1996c): Microsoft Network: Experiment mit offenem Ausgang, in: inside online, Heft 1, 1996, S. 13

Förster, Dieter (1996d): Angriff der Print-Riesen, in inside online, Heft 1, 1996, S. 12

Frank, Gertraud (1990): Neuere Entwicklungen im elektronischen Zahlungsverkehr - Geld- und wettbewerbspolitische Auswirkungen unter besonderer Berücksichtigung der Point-of-Sale-Zahlungen , Frankfurt am Main, 1990

Friedrich, Hans-Jürgen; Möker, Ulrich (1995): Vorausbezahlte Karten - eine Bewertung aus der Sicht der Deutschen Bundesbank, Universität Trier, Fachbereich IV, Arbeitspapier Nr. 36, 1995

Friedrich, Jürgen; Heß, Klaus-Dieter; Schwittalla, Ulla; Wieke, Friedrich (1988): Bildschirmtext in Kreditinstituten, Versicherungsunternehmungen und Kommunalverwaltungen: Einsatz und Auswirkung auf die Beschäftigten, Frankfurt am Main, 1988

Gabler (1995): Gabler-Bank-Lexikon, Wiesbaden, 1995

Gabriel, Roland; Begau, Klaus; Knittel, Friedrich; Taday, Holger (1994):
Büroinformations- und -kommunikationssysteme - Aufgaben, Systeme,
Anwendungen, Heidelberg, 1994

Georg, Thorsten; Gruber, Peter (1995): Elektronischer Geschäftsverkehr: EDI in
deutschen Unternehmen; Technologie, Effekte, Praxisbeispiele, München,
1995

Gerard, Peter; Wild, Raoul G. (): Die Virtuelle Bank oder „Being Digital", in:
Wirtschaftsinformatik, Heft 6, 37. Jg., 1995, S. 529-538

Gerckens, Barbara (1982): Absatzwegepolitik im breiten Privatkundengeschäft
einer Universalbank, Frankfurt am Main, 1982

Gesetz über das Kreditwesen vom 10.7.1961 (): in: Kreditwesengestz -
Bundesbankgesetz, Frankfurt am Main, 1966

Gilster, Paul (1994): Der Internet-Navigator, München; Wien, 1994

Godschalk, Hugo T. C. (1983): Computergeld - Entwicklungen und
ordnungsplitische Probleme des elektronische Zahlungsverkehrs, Frankfur
am Main, 1983

Grimm, Rüdiger (1994): Sicherheit für offene Kommunikation - Verbindliche
Telekooperation, Mannheim, 1994

Hafner, Kay (1984): Die Möglichkeiten des Home Banking und sein Einfluß au
die Geschäftspolitik der Kreditinstitute, Frankfurt am Main, 1984

Hafner, Kay (1988): Kosten-Nutzen-Analyse bei neuen Medien: eine Analyse an
ausgewählten Beispielen des Btx-Einsatzes im Dienstleistungsmarketing
Wien, 1988

Hammann, Peter; Erichson, Bernd (1994): Marktforschung, 3. Aufl., Stuttgart
Jena; New York, 1994

Hansen, Hans Robert (1992): Wirtschaftsinformatik I, 6. Aufl., Stuttgart; Jena
1992

Hayek, Friedrich A. von (1977): Entnationalisierung des Geldes: eine Analyse der
Theorie und Praxis konkurrierender Umlaufmittel, Tübingen, 1977

Hein, Manfred (1981): Einführung in die Bankbetriebslehre, München, 1981

Holtrop, Thomas (1996): „Schnellboote unter Großtankern" - Die Bank ohne
Tresen/Erstbankfähigkeit ist wichtig, in Frankfurter Allgemeine Zeitung
vom 6.2.96, S. B 6

Kersten, Heinrich (1995): Sicherheit in der Informationstechnik - Einführung in Probleme, Konzepte und Lösungen, 2. Aufl., München, 1995

Klute, Rainer (1995): Verschlußsache - Sicherheit im World Wide Web, in: iX, Heft 2, 1995, S. 132-145

Klute, Rainer (1995a): Mit Werbung im World Wide Web auf neuen Wegen zum Kunden, in: Computerwoche, Heft 8, 1995, S. 61-65

Knut, Detlef (1994): Das große Buch zu Datex-J, Düsseldorf, 1994

Kollhöfer, Dietrich (1991): Preispolitik im Zahlungsverkehr, in: Süchting, Joachim; Hovven, Eckart van: Handbuch des Bankmarketing, 2. Aufl., Wiesbaden, 1991, S. 169-190

Konert, Bertram (1993): Sozio-ökonomische Aspekte und Perspektiven des Electronic banking in der Bundesrepublik Deutschland : technische, ökonomische und soziale Determinanten und Wirkungen, Egelsbach; Köln; New York, 1993

König, Herbert (1982): Der Bildschirmtext als Instrument der Bankpolitik, 2. Aufl., Frankfurt am Main, 1982

Kroeber-Riel, Werner (1990): Marktkommunikation 200 - Anpassung der Marktkommunikation an neue Kommunikationsbedingungen, in: Verbraucherpolitische Hefte, Heft 11, 1990, S. 33-43

Lauer, Thomas (1994): CompuServe professionell - Weltweit Informationen, Know-how und Daten austauschen, Bonn; Reading, Mass., 1994

Lipinski, Klaus (Hrsg.) (1994): Lexikon der Datenkommunikation, Bergheim, 1994

Lockemann, Peter C., Krüger, Gerhard; Krumm, Heiko (1993): Telekommunikation und Datenhaltung, München; Wien, 1993

Maier, Gunther; Wildberger, Andreas (1995): In 8 Sekunden um die Welt - Kommunikation über das Internet, 4. Aufl., Bonn; Paris; Reading, Mass., 1995

Mausberg, Paul (1995): Die elektronische Abwicklung des Zahlungsverkehrs privater Kunden auf der Basis eines standardisierten Nachrichtenaustausches, in: Schmid, Beat (Hrsg.): Electronic Mall: Banking und Shopping in globalen Netzen, Stuttgart, 1995, S. 181-234

Meffert, Heribert (1983): Bildschirmtext als Kommunikationsinstrument - Einsatzmöglichkeiten im Marketing, Stuttgart, 1983

Meli, Hans H. (1995): Sicherheitsarchitektur für eine Electronic Mall, in: Schmid, Beat (Hrsg.): Electronic Mall: Banking und Shopping in globalen Netzen, Stuttgart, 1995, S. 279-314

Meyer zu Selhausen, Hermann (1992): Elektronisches Bankenmarketing, in: Hermanns, Arnold; Flegel, Volker, Handbuch des Electronic Marketing, München, 1992, S. 856-876

Microsoft (1996): The Microsoft Network; Der Internet Online Service, in: Microsoft Pressemappe, 1996

Mühlhaupt, Ludwig (1980): Einführung in die BWL der Banken - Struktur und Grundprobleme des Bankbetriebs und des Bankwesens in der Bundesrepublik Deutschland, 3. Aufl., Wiesbaden, 1980

Müller, Mario (1996): Rank und schlank - Deutschlands Kreditgewerbe steht vor einer schmerzhaften Revolution, in: Die Zeit, Nummer 13, 51. Jg., 1996, S. 21

o. V. (1995): ohne Titel, in Password, Heft 3, 1995, S. 12

o. V. (1995a): ohne Titel, in: online aktuell, Heft 20, 1995, S. 8

o. V. (1995c): MGM-Studie: Über Online-Dienste weltweiter Überblick, in: Information Management, Heft 4, 1995, S. 70-71

o. V. (1996): ohne Titel, in online aktuell, Heft 1, 1996, S. 2

o. V. (1996a): Die Software: CompuServe Information Manager, in: CompuServe, Heft Jan./Febr., 1996, S. 32-33

o. V. (1996b): Deutschsprachige CompuServe-Dienste, in: CompuServe, Heft Jan./Febr., 1996, S. 101-107

o. V. (1996c): Alles über Online-Banking, in: com!, Heft 3, 1996, S. 8-13

o. V. (1996d): Interviews, in: inside online, Heft 1, 1996, S. 59-61

o. V. (1996e): Überholspur, in: com! für Einsteiger, Heft 1, 1996, S. 6

o. V. (1996f): Die Bank im Wohnzimmer, in com! für Einsteiger, Heft 1, 1996, S. 20-22

o. V. (1996g): „Madame Million" gekürt, in com!, Heft 3, 1996, S. 102

Oehler, Andreas (1990): Btx-Banking und Geldausgabeautomaten: Ausgewählte Anmerkungen zur Preispolitik, in: bank und markt, Heft 2, 1990, S. 5-13

Ott, Alfred E. (1991): Grundzüge der Preistheorie, 3. Aufl., Göttingen, 1991

Petersen, Birte; Simon, Frank (1995): Goldsucher - World Wide Web; Chance für Marketing, Vertrieb und PR, in: Gateway, Heft 9, 1995, S. 40-44

Pommerening, Klaus (1991): Datenschutz und Datensicherheit, Mannheim; Wien; Zürich, 1991

Puschmann, Jörg (1996): Ecash - eine Einführung, URL: http://www.combtx.com/mt_doc.html

Quarterman, John S. (1990): The matrix: computer networks and conferencing systems worldwide, o. O., 1990

Raudszus, Frank (1995): Homebanking - einfach am Rechenzentrum vorbei?, in: bank und markt, Heft 10, 1995, S. 45-47

Richter, Alfred (1986): Grenzen der Automatisierbarkeit im Bankengeschäft, in: bank und markt, Heft 3, 1986, S. 11-17

Ruland, Christoph (1993): Informationssicherheit in Datennetzen, Bergheim, 1993

Sandmann, Hartmut (1985): Moderne Bankwerbung - ein Arbeitsbuch für Praktiker in Kreditinstituten, Frankfurt am Main, 1985

Schaumüller-Bichl, Ingrid (1992): Sicherheitsmanagement: Risikobewältigung in informationstechnologischen Systemen, Mannheim, 1992

Scheller, Martin; Boden, Klaus-Peter; Geenen, Andreas; Kampermann, Joachim (1994): Internet: Werkzeuge und Dienste; von „Archie" bis „World Wide Web", Berlin; Heidelberg, 1994

Scheuerer, Johann (1995): Bankgeschäfte umsonst, in: Das Wertpapier, Heft 10, 1995, S. 10-13

Schmid, Beat (1993): Elektronische Märkte, in: Wirtschaftsinformatik, Heft 5, 35. Jg., 1993, S. 465-480

Schmid, Beat (1994): Electronic Banking - Strategien der Zukunft, in: geldinstitute, Heft 7/8, 1994, S. 46-56

Schmid, Beat (1995): Elektronische Einzelhandels und Retailmärkte, in: Schmid, Beat (Hrsg.): Electronic Mall: Banking und Shopping in globalen Netzen, Stuttgart 1995, S. 17-32

Schmidhäusler, Fritz J. (1996): Ein Ausflug kann ganz schön teuer werden - Online-Dienste/Gebührenstrukturen ändern sich beinahe täglich - Kostenvergleiche sind Milchmädchenrechnungen, in: Handelsblatt vom 30.1.96, S. 23

Schneider, Gerhard (1995): Eine Einführung in das Internet, in: Informatik Spektrum, Heft 18, 1995, S. 263-275

Schneider, Günther (1996): Der Königsweg heißt Dualität - Wachsende Segmentierung der Kundenansprüche / Neue Anforderungen an den Vertrieb, in: Frankfurter Allgemeine Zeitung vom 6.2.96, S. B 4

Schneier, Bruce (1996): Applied Cryptographie - protocols, algorithms, and source code in C, 2. Aufl., New York, 1996

Schönleber, Claus; Keck, Cornelius (1995): InterNet-Handbuch: Techniken, Zugang zum Netz, Diensteangebot, Plattformen, Poing, 1995

Stadtsparkasse Dortmund (1996), URL: http://www.stadtsparkasse-dortmund.de

Stahlknecht, Peter (1993): Einführung in die Wirtschaftsinformatik, 6. Aufl., Berlin; Heidelberg, 1993

Stein, Jürgen (1995): Das Bankwesen in Deutschland, 19. Ausgabe, Köln, 1995

Steinbach, Christine (1995): Der elektronische Marktplatz - Vision und technische Option, in: Bullinger, Hans-Jörg (Hrsg): Dienstleistung der Zukunft, Wiesbaden, 1995

Straub, Eduard (1990): Electronic Banking - Die elektronische Schnittstelle zwischen Banken und Kunden, Bern, Stuttgart: 1990

Süchting. Joachim (1992): Bankmanagement, 3. Aufl., Stuttgart, 1992

T-Online (1995): Anbieter und Angebote, Stand November 1995

Tanenbaum, Andrew S. (1989): Computer Networks, 2. Aufl., London, 1989

Ungnade, Dieter (1991): Datenschutz im Kreditgewerbe, Frankfurt am Main, 1991

Warnecke, Christoph (1983): Bildschirmtext und dessen Einsatz bei Kreditinstituten, Gröbenzell, 1983

Wentlandt, Albert (1995): Direktmarketing: neue Medien - neue Chancen, in: bank und markt, Heft 8, 1995

Wojcicki, Marek (1991): Sichere Netze: Analysen, Maßnahmen, Koordination, München;Wien, 1995

Zilahi-Szabó, Miklós (Hrsg.) (1995): Kleines Lexikon der Informatik und Wirtschaftsinformatik, München; Wien, 1995

Zimmermann (1995): Online-Dienste: Stand und Aktuelle Entwicklung, in: Schmid, Beat (Hrsg.): Electronic Mall: Banking und Shopping in globalen Netzen, Stuttgart, 1995, S. 315-342

Zimmermann, Hans-Dieter; Kuhn, Christoph (1995): Grundlegende Konzepte einer Electronic Mall, in: Schmid, Beat (Hrsg.): Electronic Mall: Banking und Shopping in globalen Netzen, Stuttgart, 1995, S. 33-94

Individuelle Auskünfte:

Mündlich:

- Stadtsparkasse München, Herr Wuschig

- Stadtsparkasse Dortmund, Frau Witthöft

- Stadtsparkasse Dortmund, Herr Brügger

- Commerzbank Schwerte, Frau Wilhelm

- Dresdner Bank Dortmund, Herr Stricker

- Direkt Anlage Bank, Frau Staufenbiel

- ConSors, Info-Telefon

- Hamburger Bank eG

- Dortmunder Volksbank, Herr Hirsch

- AOL, Pressesprecher Ingo Reese

E-Mail:

- Hans-Dieter Zimmermann, Hochschule St. Gallen

- Mark Twain Bank

WWW-Seiten/ T-Online-Seiten

Die anderen Informationen aus den Online-Diensten werden an den entsprechenden Stellen im Anhang explizit ausgewiesen.

Anhang

An:

Kurzumfrage Banken und Online-Dienste
zur Diplomarbeit von Christian von Thaden

Sehr geehrte(r)

zur Unterstützung meiner Diplomarbeit möchte ich Sie bitten, die nachfolgenden Fragen durch Ankreuzen bzw. Ausfüllen zu beantworten. Im voraus vielen Dank.

Mit freundlichen Grüßen

Christian v. Thaden

Bitte ankreuzen:

			ja	nein
Zahlungsverkehr	Abfrage des	Kontostandes		
		Umsatzes		
	Transaktionen	Überweisung		
		Dauerauftrag		
		Terminüberweisung		
Geldanlage	Sparkonto	Anzeigen		
		Anlage tätigen		
	Festgeldkonto	Anzeigen		
		Anlage tätigen		
	Wertpapiere	Depotanzeige		
		Order		
Ratenkredit	Anzeige			
	Antrag			
	Individuelle Beratung			
Information	Allgemeine Informationen	Modellrechnungen		
		Zinsen		
		Anlagehinweise		
		Immobilienangebote		
		Börsenkurse		
		Bausparen		
		Wirtschaft		
	sonst:			

Kosten	Kontoführungsgebühren bei Btx	
	Kosten der Einzelüberweisung bei Btx	
	Kontoführung traditionell	
	Kosten Einzelüberweisung traditionell	

Ergänzung: _____

Name des Ausfüllenden: _____

Ich möchte eine Übersicht der Ergebnisse: ○ ja   ○ nein

Rückadresse: Christian von Thaden, T.-Heuss-Str. 4, 58239 Schwerte, Tel.: 02304 / 44587

Übersicht Banken in T-Online

Kreditinstitut:	Deutsche Bank	Dresdner Bank	Commerzbank	Bank 24	ConSors	Direkt Anlage Bank	Hamburger Bank eG	Dortmunder Volksbank	Berliner Volksbank	Stadtsparkasse München	Stadtsparkasse Dortmund	Sparkasse Norden	Postbank	Sparda Bank	BfG Bank
Zahlungsverkehr															
Abfrage des Kontostandes	✓	✓	✓	✓			✓	✓	✓	✓	✓	✓	✓	✓	✓
Einfache Überweisung	✓	✓	✓	✓	✓	✓	✓	✓	✓	✓	✓	✓	✓	✓	✓
Terminüberweisung		✓												✓	
Dauerauftrag	✓	✓		✓		✓	✓	✓	✓	✓	✓	✓	✓	✓	✓
Geldanlage															
Sparkonto Anzeigen	✓	✓	✓	✓			✓	✓	✓	✓	✓	✓			
Sparkonto Anlegen	✓			✓					✓	✓	✓	✓		✓	✓
Festgeld Anzeigen	✓	✓	✓	✓			✓	✓	✓	✓	✓	✓			
Festgeld Anlegen	✓	✓	✓	✓					✓	✓	✓	✓		✓	
Wertpapierdepot Anzeigen	✓			✓	✓	✓			✓	✓		✓			
Wertpapierorder	✓	✓		✓	✓	✓	✓		✓	✓	teilweise				
Finanzierung															
Ratenkredit Anzeigen															
Ratenkredit beantragen		✓					✓	✓	✓	✓	✓	✓			
Beratung/Information															
Individuelle Beratung									✓			✓			
Modellrechnungen	✓	✓		✓					✓	✓	✓	✓		✓	✓
Zinsauskünfte	✓	✓		✓			✓	✓	✓	✓	✓	✓		✓	✓
Anlagehinweise	✓	✓		✓			✓	✓	✓	✓	✓				
Immobilienangebote		✓													
Börsenkurse	✓	✓		✓	✓	✓	✓	✓	✓	✓	✓	✓	✓	✓	✓
Bausparen	✓			✓	✓				✓		✓			✓	✓
Wirtschaftsinformationen									✓						
Kosten															
Kontoführungskosten über Btx	4,00 DM(*)	3,75 DM(*)	12,50 DM	10,00 DM(+)	2,50 DM	0,00 DM	0,00 DM	2,00 DM	9,00 DM	8,00 DM	4,00 DM(*)	0,00 DM	(++)	0,00 DM	0,00 DM
Einzelüberweisung über Btx	0,00 DM	0,15	0,00 DM	0,00 DM	0,40 DM	0,80 DM	0,15 DM	0,15 DM	0,00 DM	0,00 DM	0,25 DM	0,00 DM		0,00 DM	0,00 DM
Kontoführung ohne Btx	wie über Btx	3,75 DM	12,50 DM	wie über Btx	2,50 DM	0,00 DM	0,00 DM	2,00 DM	9,00 DM(*)	8,00 DM	wie über Btr 0,00 DM(***)			0,00 DM	0,00 DM
Einzelüberweisung Schalter	0,50 DM	0,35 DM	0,00 DM	-	2,50 DM	-	0,50 DM	0,60 DM	0,50 DM	0,00 DM	0,68 DM	0,30 DM		0,00 DM	0,00 DM

(*) bei Einzelbuchung
(**) inkl. 10 Freibuchungen
(***) inkl. 25 Freibuchungen

(+) ab 2.000 DM durchschnittliches Guthaben frei

Quelle: s. Seite 128

Ergänzung zur „Übersicht Banken in T-Online"

Quellen:

Kurzumfrage:
- Stadtsparkasse München, Herr Wuschig
- Stadtsparkasse Dortmund, Frau Witthöft
- Commerzbank Schwerte, Frau Wilhelm
- Dresdner Bank Dortmund, Herr Stricker
- Direkt Anlage Bank, Frau Staufenbiel
- ConSors, Info-Telefon
- Hamburger Bank eG
- Dortmunder Volksbank, Herr Hirsch

T-Online-Seiten:
- Bank 24: *22424#
- Berliner Volksbank: *21500#
- BfG: *bfg#
- Sparkasse Norden: *317130100000010a#
- Postbank: *28000146a#

außerdem: o. V. (1996c), S. 12 f.; Birkelbach (1995b), S. 266 f.;
Deutsche Bank (1990), S. 20 f. und
Bank 24 (1995), S. 20 f.

Die Konditionen der Postbank stellen sich wie folgt dar:
- 0-5 Posten pro Monat: 3,00 DM
- 6-15 Posten pro Monat: 4,50 DM
- 16-30 Posten pro Monat: 7,50 DM
- 31-100 Posten pro Monat: 15,00 DM
- 101-300 Posten pro Monat: 30,00 DM
- 301-500 Posten pro Monat: 60,00 DM
Buchungen über T-Online zählen dabei nur als
halbe Buchung. (Vgl. o. V. (1996c)), S. 12)

ANGEBOTE DEUTSCHER BANKEN IM WWW

Bank und WWW-Adresse	Rubrik	Erläuterung	Qualität
Advance Bank URL: http://www.advance-bank.de			
	Wir über uns		Selbstdarstellung
	Ihre Vorteile		Selbstdarstellung
	Wie Sie Kunde werden		Selbstdarstellung
	Specials	Aktuelle Angebote und Selbstdarstellungbörse.	Selbstdarstellung
	Produkte		Selbstdarstellung
	Service		Selbstdarstellung
	Sicherheit		Selbstdarstellung
	Add Ons	Links zu den Suchmaschinen im Internet, Zeitungen, Reise-Informationen, Golf, Kunst, Börsenkursen	Lockangebot
Bemerkung:	Auch als Textversion.		
Bewertung:	Die Add-Ons sind ein Musterbeispiel für den Versuch als Einstiegspunkt für Browser zu dienen, daher hohe Attraktivität.		
Bank 24 URL: http://www.bank24.de			
	Bank 24	Vorteile der Bank 24, Börsenspiel	Selbstdarstellung
	Time Guide	Informationen zu den Bereichen Musik, Kunst, Sport & Fitness, Literatur, Theater, TV/Kino	Lockangebot
Bemerkung:	Auch als Textversion.		
Bewertung:	Musterbeispiel eines Lockangebots außerhalb des Finanzbereichs, hohe Motivation zum wiederholten Abruf.		
Commerzbank URL: http://www.commerzbank.de			
	Leistungen für Private		Selbstdarstellung
	TopNews		Selbstdarstellung
	Zahlen und Fakten		Selbstdarstellung
	Wirtschaftsdaten		Finanzinformationen
	Die neue Zentrale in Frankfurt		Selbstdarstellung
	125 Jahre Commerzbank		Selbstdarstellung
	Electronic Banking für Firmenkunden		Finanzinformationen
Bemerkung:	Auch in Englisch verfügbar. Sehr viele Grafiken.		
Bewertung:	Überweigend Selbstdarstellung, wenig Motivation zum wiederholten Abruf.		
Comdirect URL: http://www.comdirect.de			
	Beschreibung der Produkte	Tagesgeldkonto, Laufzeitkonto, Discount Brokerage, Optionsscheine. Mit Online-Formular.	Selbstdarstellung
	News	Zur Bank.	Selbstdarstellung
Bewertung:	Nur Selbstdarstellung, nutz die Direkt-Marketing-Fähigkeiten durch die Online-Formulare.		
ConSors URL: http://www.consors.de			
	Das Consors-Prinzip		Selbstdarstellung
	Die Provisionen		Selbstdarstellung
	Die Info Box		Selbstdarstellung
	Die Produkte		Selbstdarstellung
	Die Orderaufgabe		Selbstdarstellung
	Der Info-Service		Selbstdarstellung
Bemerkung:	Entspricht im wesentlichen der Papierwerbebroschüre der Bank.		
Bewertung:	Nur Selbstdarstellung, keine Motivation zum wiederholten Abruf.		

Deutsche Bank URL: http://www.deutsche-bank.de			
	Aktuelle Mitteilungen		Selbstdarstellung
	Online-Dienste	Aktien- und Fondskurse	Finanzinformationen
	Privates Anlagemanagement		Finanzinformationen
	Leistungen der Deutschen Bank		Selbstdarstellung
	Die Deutsche Bank		Selbstdarstellung
	Unsere Tochtergesellschaften		Selbstdarstellung
	WWW-Forum	Bankleitzahlenverzeichnis, Stellenangebote, Fragen zum WWW-Angebot	Selbstdarstellung, Lockangebot
Bemerkung:	Angebot auch in Englisch verfügbar.		
Bewertung:	Aufgrund der Online-Dienste hoher Informationsgehalt, mit hoher Motivation zum wiederholten Abruf. Umfangreiche Selbstdarstellung.		

Direkt Anlage Bank URL: http://www.diraba.de			
	Noch im Aufbau, daher ohne Bewertung.		

DG Discount-Bank URL: http://www.dgd-bank.de			
	Noch im Aufbau, daher ohne Bewertung.		

Gries und Heissel URL: http://www.guh.de			
	Wir über uns		
	Analyse	Trendletter: Wirtschaftsanalysen	Prognose, Analyse, Bewertung
	Spezialwerte	Werte ausgewählter Aktien (mit Tendenz), DAX-Werte, Verweis auf interessante WWW-Seiten, Muster-Depots	Prognose, Analyse, Bewertung
	Ganz Privat		Selbstdarstellung
Bemerkung:	Angebot auch in Englisch.		
	Sehr umfangreiche und hochwertige Informationen rund um Finanzen, inkl. konkreter Kauf- bzw. Verkaufsvorschläge. Daher sehr hohe Motivation zum wiederholten Abruf.		

Hypo-Bank URL: http://www.hypo.de			
	Info	Kontaktanbahnung	Selbstdarstellung
	Banking		Selbstdarstellung
	News	Informationsbriefe und tagesaktuelle Börsenkurse	Finanzinformation, Prognose, Analyse, Bewertung
	Art	Informationen über Sponsoringveranstaltungen der Bank	Selbstdarstellung
	Fun	dito	Selbstdarstellung
Bemerkung:	Optisch ansprechend gestaltet.		
Bewertung:	Durch die aktuellen Börsenkurse und die Informationsbriefe hochwertige Informationen mit Anreiz zum wiederholten Abruf.		

Kreissparkasse Bayreuth-Pegnitz URL: http://www.ksk-bayreuth-pegnitz.de			
	Aktuelles		Finanzinformation
	Produkte		Selbstdarstellung
	Wir über uns		Selbstdarstellung
	Immobilien	konkrete Objekte	Vertriebsförderung
	Service	Software zum Download	Lockangebot
Bemerkung:	Zuviele Grafiken, alternativ als Textversion verfügbar.		
Bewertung:	Die Möglichkeit Software zu laden macht das Angebot für den einmaligen Abruf interessant. Die Finanzinformationen motivieren auch zum wiederholten Abruf.		

Kreissparkasse Birkenfeld URL: http://w3.ibs.de/kskbirkenfeld/kskbir.htm			
	Nur kurze Selbstdarstellung der Produkte, daher ohne Bewertung.		

Kreissparkasse Calw URL: http://www.cw.ksk.de		
	Angebot noch im Aufbau, daher ohne Bewertung.	

Kreissparkasse Pinneberg URL: http://www.s-iris.de/KSK_Pinnenberg.htm		
	Allgemeine Informationen	Selbstdarstellung
	Ansprechpartner	Selbstdarstellung
	Electronic Banking/Homebanking	Selbstdarstellung
	Immobilienangebote	konkrete Objekte	Vertriebsförderung
	Sparkassenprodukte		Selbstdarstellung
Berwertung:	Nur für Kunden interessant, die eine Immobilie suchen.	

Kreissparkasse Sömmerda URL: http://www.snet.de/KSKSoemmerda/		
	Bilanzen	Selbstdarstellung
	Geschäftsgebiet	Selbstdarstellung
	Leistungen	Selbstdarstellung
	S-Aktuell	Selbstdarstellung
	Immobilien	konkrete Objekte	Vertriebsförderung
Bewertung:	Nur für Kunden interessant, die eine Immobilie suchen.	

Landesgirokasse Stuttgart URL: http://www.lgbank.de		
	Landesgirokasse		Selbstdarstellung
	News		Selbstdarstellung
	Börsenspiel		Lockangebot
	Trading-Desk	Anlagestrategien	Prognose, Analyse, Bewertung
	Reiseservice		Lockangebot
	Informationen	Links und Veranstaltungen der Landesgirokasse	Lockangebot
	Homebanking		Selbstdarstellung
	Immobilien	Modellrechnungen, allg. Informationen zur Bank, konkrete Informationen zu einigen Objekten	Selbstdarstellung, Vertriebsförderung
	Selbstdarstellung-Börse	Stellenangebote der Bank	Selbstdarstellung
Bewertung:	Sehr umfangreiche Informationen, die insbesondere durch das Trading-Desk-Angebot und die lokalen Veranstaltungsinformationen zum wiederholten Abruf motivieren.	

Quelle Bank URL: http://www.quelle.de/quelle-bank.de		
	Darstellung der Produkte	Geldanlage, Kredit, VisaCard, Aktien/Renten/Investments- fonds, Konditionenübersicht	Selbstdarstellung
	Anfordern von Informationsmaterial		Selbstdarstellung
Berwertung:	Sehr wenig Informationen, nur Selbstdarstellung, somit nur geringe Abrufmotivation.	

Raiffeisenbank Südtondern eG http://www.axos.com/niebuell/raiba.htm		
	Nur eine Seite mit den eigenen Adressen.	

Stadtsparkasse Augsburg URL: http://www.stadtsparkasse-augsburg.de		
	Aktuelles		Selbstdarstellung
	Wertpapiere		Prognose, Analyse, Bewertung
	Immobilien	konkrete Objekte	Vertriebsförderung
	Junge Kunden		Selbstdarstellung
	Electronic Banking		Selbstdarstellung
	Service		Selbstdarstellung
	Veranstaltungen	Verweise auch auf andere WWW-Seiten	Selbstdarstellung, Lockangebot
	Wir über uns		Selbstdarstellung
Bewertung:	Für Immobilieninteressenten attraktiv, motiviert durch die Links auch sonst zum wiederholten Abruf.	

Sparkasse Aschaffenburg-Altenau			
URL: http://www.spk-aschaffenburg.de			
	Aktuelles		Finanzinformation
	Electronic Banking		Selbstdarstellung
	Produkte		Selbstdarstellung
	Wir über uns		Selbstdarstellung
Bemerkung:	Sehr viele Grafiken, auch als Textversion verfügbar.		
Bewertung:	Bis auf die Finanzinformationen wenig attraktiv.		

Sparkasse Erfurt			
URL: http://www.sparkasse-erfurt.de			
	Programm noch im Aufbau, daher ohne Bewertung.		

Sparkasse Koblenz			
URL: http://www.snet.de/SKKoblenz/			
	Überblick		Selbstdarstellung
	Geschäftsgebiet		Selbstdarstellung
	Electronic Banking		Selbstdarstellung
	Aktuelles		Selbstdarstellung
	Partner		Selbstdarstellung
Bewertung:	Aufgrund der Beschränkung auf die Selbstdarstellung nur für Informationssuchende interessant.		

Sparkasse Torgau-Oschatz			
URL: http://www.spk_torgau.de			
	Nur sehr wenige, allgemeine Informationen.		

Stadtsparkasse Dortmund			
URL: http://www.sparkasse-dortmund.de			
	interaktive S-Direkt-Aufträge	Ermöglicht Online-Banking über das Internet.	Kein Informationsangebot!
	Stadtsparkasse Dortmund		Selbstdarstellung
	Aktuelles		Selbstdarstellung
	Unser Angebot		Selbstdarstellung
	Konditionen		Selbstdarstellung
	S-Direkt- das Homebanking-Angebot		Selbstdarstellung
	WWW in Dortmund		Lockangebot
Bewertung:	Einziges Angebot mit der Möglichkeit Transaktionen durchzuführen.		

Stadtsparkasse Köln			
URL: http://www.stadtsparkasse.de			
	Noch im Aufbau, daher keine Bewertung.		

Stadtsparkasse München			
URL: http://www.sskm.de			
	Wir über uns		Selbstdarstellung
	Aktuelles		Selbstdarstellung
	S-Versicherungsservice		Selbstdarstellung
	S-Club	Teil eines umfassenden Programms für junge Leute	Lockangebot
	Homebanking	Informationen über Homebanking	Selbstdarstellung
Bewertung:	Bis auf den S-Club nur Selbstdarstellung, geringe Motivation für den Abruf.		

Bankgesellschaft Berlin			
URL: http://www.bankgesellschaft.de			
	Bankgesellschaft Berlin		Selbstdarstellung
	Investment Banking		Selbstdarstellung
	Investor Realtionsship	Informationen für Anleger	Selbstdarstellung
	Aktuelle Publikationen		Finanzinformation, Prognose, Analyse, Bewertung
Bewertung:	Die Aktuellen Publikation zu volkswirtschaftlichen Themen stellen einen Anreiz zum wiederholten Abruf dar, sonst nur Selbstdarstellung.		

Stadtsparkasse Nürnberg URL: http://www.spadtsparkasse-nuernberg.de			
	Aktuelles		Selbstdarstellung
	Fun	eigene Veranstaltungen	Selbstdarstellung
	Electronic Banking		Selbstdarstellung
	Immobilien	konkrete Angebote	Vertriebsförderung
	Produkte		Selbstdarstellung
	Veranstaltungen		Selbstdarstellung
	Wir über uns		Selbstdarstellung
	Service		Selbstdarstellung
Bewertung:	Für Immobilieninteressenten attraktiv, sonst nur Selbstdarstellung, durch die Veranstaltungen nicht nur eng auf das eigene Institut bezogen.		

Volksbank Greifswald eG URL: http://www.unicon-gmbh.com/volksbank/vobahome.htm	
	Nur Adressen.

Volksbank Hannover eG URL: http://www.vbhan.de/vbhan.htm			
	Angebot & Service	Presseservice, Anlagetips, Immobilienangebote, Selbstdarstellungforum	Finanzinformation, Prognose, Analyse, Bewertung, Selbstdarstellung
	Gut und schön	Veranstaltungen, Software-Download	Lockangebot
Bemerkung	Auch als Textversion, auch in Englisch.		
Bewertung	Durch die Informationen für Geldanleger interessant, durch die Immobilienangebote für entsprechend Interessierte. Die Veranstaltungen und die Download-Möglichkeit stellen ein attraktives Nichtfinanzangebot dar.		

Volksbank Ketsch eG URL: http://www.vbketsch.de/			
	Mehr über uns		Selbstdarstellung
	Gewinnspiel	Jeden Monat neu.	Lockangebot
Bemerkung	Sehr viele Grafiken, aber ansprechend gestaltet.		
Bewertung	Nutzt über das monatliche Gewinnspiel in sehr guter Weise die interaktiven Fähigkeiten des Mediums, exemplarischer Fall von Direkt-Marketing über einen Online-Dienst.		

Volkswagen Bank URL: http://www.vw.iplus.com/focus/vw_bank/index.htm			
	Card system		Selbstdarstellung
	Auto-Ansparplan	individuell	
	Festgeld-Konto		Selbstdarstellung
	Plus-Konto		Selbstdarstellung
	Bank-Service		Selbstdarstellung
	Bestellservice		Selbsdarstellung
	Fax-Service	Möglichkeit, sich Informationen über Fax schicken zu lassen	Vertriebsförderung
Bemerkung:	Schlechtes Schriftbild.		
Bewertung:	Durch die Beschränkung auf Selbstdarstellung wenig attraktiv. Nutzt aber die Fähigkeit des WWW zum Direkt-Marketing durch Bestell- und Faxservice.		

WestLB URL: http://www.westlb.de			
	Überblick	über die Bank	Selbstdarstellung
	News	zur Bank	Selbstdarstellung
	Berufseinstieg, Perspektiven	bei der Bank	Selbstdarstellung
	Forum	Stellenangebote der Bank	Selbstdarstellung
	Adressen		Selbstdarstellung
Bewertung:	Sehr dürftiges Programm, nur für Stellungssuchende interessant.		

Quellen: Für jede Bank der angegebene URL.

Übersicht der Online-Dienste

Name des Online-Dienstes	T-Online	CompuServe	AOL	Europe Online	Microsoft Network	Internet
Betreiber	Deutsche Telekom AG	CompuServe Inc.	AOL Bertelsmann Online GmbH & Co. KG	Burda, Pearson, Matra-Hachette u.a.	Microsoft	Kein zentraler Betreiber.
Einwahlpunkte in Deutschland	in ganz Deutschland zum Ortstarif erreichbar	12	51	135	14	Provider in jeder größeren deutschen Stadt.
Datenübertragungsgeschwindigkeit (in Baud)	14.400 bundesweit, in 8 Städten 28.800; bundesweit ISDN	28.800	28.800	14.400	bis zu 14.400	Abhängig vom Provider.
Kosten:						
Monatl. Grundgebühr	8,- DM	19,95 DM	9,90 DM	7,00 DM	14,00 DM	Abhängig vom Provider.
Freistunden	-	5	2	2	2	
Nutzungsgebühr (pro Stunde)	tagsüber 3,60 DM nachts 1,20 DM	4,95 DM	6,00 DM	4,20 DM	7,50 DM	
Internet-Zugang	voller Zugang für 0,10 DM pro Minute	voller Zugang, ohne Zusatzkosten	voller Zugang, ohne Zusatzkosten	voller Zugang ohne Zusatzkosten	nur E-Mail, keine Zusatzkosten	Abhängig vom Vertrag mit dem Provider.
Kosten pro Internetstunde:	tagsüber 7,20 DM nachts 9,60 DM	4,95 DM	6,00 DM	4,20 DM	7,50 DM	
Leistungsumfang						
Informations- angebot	Umfangreiches deutschsprachiges Angebot mit überwiegend deutschen Inhalten.	Umfangreiches englischsprachiges Angebot mit dem Schwerpunkt auf Computertechnik. Begrenztes deutschsprachiges Angebot.	Umfangreiches englischsprachiges Angebot, nur geringe Inhalte in deutscher Sprache.	Angebot ist im Aufbau begriffen. Bisher noch ungenügend.	In Deutschland sehr wenig Angebote verfügbar, daher noch ungenügend.	Weltweit 6,6 Millionen Rechner (Stand: Juli 1995). bieten umfangreiche Informationen von kommerziellen und nicht kommerziellen Anbietern.

Fortsetzung zum Leistungsumfang	T-Online	CompuServe	AOL	Europe Online	Microsoft Network	Internet
Online-Banking	Bei über 1.000 deutschen Banken.	-	-	angekündigt	-	Ja, bei der Stadtsparkasse Dortmund.
Informationen von Banken	Bei über 1.000 deutschen Banken.	-	-	-	-	S. Anhang C
Grafikfähigkeit	Zeichenorientiert über CEPT, über KIT graphische Schnittstelle	Bei Verwendung des CompuServe Information Managers (CIM) graphische Schnittstelle.	Unter Verwendung der AOL-Software.	wie Internet	Durch die Integration in Windows 95 können alle Windowsmöglichkeiten, wie OLE, genutzt werden.	Im WWW, bei Verwendung eines entsprechenden Browsers, über das HTML-Protokoll Grafik und Hypertext.
Sicherheit	Betreibereigenes Netzwerk erschwert Angriffe.	Betreibereigenes Netzwerk erschwert Angriffe.	Betreibereigenes Netzwerk erschwert Angriffe.	Bei Einwahl über das eigene Netz werden Angriffe erschwert, bei der Einwahl über Internet-Provider wie Internet.	Betreibereigenes Netzwerk erschwert Angriffe.	Öffentliches Netz, daher leichter Zugang für Angreifer.
Abrechnung	Durch den Betreiber möglich.	Durch den Betreiber teilweise möglich.	Durch den Betreiber möglich.	Durch den Betreiber möglich.	Durch den Betreiber möglich.	Nicht durch die Provider möglich.
Teilnehmerzahl	1 Mio. in Deutschland	4,3 Mio. insgesamt, davon 250.000 im deutschsprachigen Raum	3,8 Mio. weltweit, noch keine Zahlen für Deutschland	noch ohne Angabe	1.000.000 weltweit, noch keine Angaben für Deutschland	Geschätzt: 30 Millione weltweit, 600.000 in Deutschland

Quellen: CompuServe-Information (1996); AOL (1996); Microsoft (1996); Europe Online (1996); Förster (1996a), S. 14; Förster (1996b), S. 11; Förster (1996c), S. 13; Förster (1996d), S. 12; o. V. (1996b), S. 102 ff.; Maier/Wildberger (1995), S. 8; o. V. (1995c) und Zimmermann (1995), S. 338

Versicherung

Ich versichere, daß ich diese Diplomarbeit selbstständig und ohne Benutzung anderer als der angegebenen Hilfsmittel angefertigt, nur die angegebenen Quellen benutzt und die den benutzten Quellen wörtlich oder inhaltlich entnommenen Stellen als solche kenntlich gemacht habe. Die Arbeit hat in gleicher oder ähnlicher Form noch keiner anderen Prüfungsbehörde vorgelegen.

Schwerte, den 13.04.1996

_____

(Unterschrift)

Diplom.de

- **Online-Katalog**
  mit mehreren tausend Studien

- **Online-Suchmaschine**
  für die individuelle Recherche

- **Online-Inhaltsangaben**
  zu jeder Studie kostenlos einsehbar

- **Online-Bestellfunktion**
  damit keine Zeit verloren geht

Wissensquellen gewinnbringend nutzen.

Wettbewerbsvorteile kostengünstig verschaffen.